LA DÉPRESSION ET SON INQUIÉTANTE FAMILIARITÉ

Alexandra Triandafillidis

LA DÉPRESSION ET SON INQUIÉTANTE FAMILIARITÉ

Esquisse d'une théorie de la dépression
dans le négatif de l'œuvre freudienne

Préface de Pierre Fédida

COLLECTION
ÉMERGENCES

dirigée par
Françoise Carlier et Michel Gault

Editions Universitaires

Dépôt légal : mars 1991
ISBN : 2-7113-0442-6

On peut bien s'abandonner à une ligne de pensée, la poursuivre aussi loin qu'elle mène et ceci par simple curiosité scientifique ou, si l'on veut, en se faisant l'avocat du diable ; ce qui ne signifie pas pour autant qu'on ait vendu son âme au diable.

Sigmund Freud — 1920

Faute de pouvoir voir clair, nous voulons, à tout le moins, voir clairement les obscurités.

Sigmund Freud — 1926

Préface

Peut-être dira-t-on un jour que notre époque a, durant de longues années, si bien banalisé l'usage des mots d'« angoisse » et de « dépression » qu'elle en a assuré l'*étrange familiarité* et qu'elle a ainsi produit une sorte de syndrome discursif de représentation bipolaire des affects de masse, négligeant de se *dénommer !*

Car il ne fait pas de doute que toute consultation médicale ou psychologique voit apparaître ces mots — celui de « dépression » encore plus souvent que celui d'« angoisse » — pour exprimer généralement l'impuissance *vitale* de faire et d'agir et tout aussi bien de rêver, de penser, de parler conformément à une efficacité du temps. Mais l'expression relativement commune de cette impuissance assourdit jusqu'à la moindre tentative de *dénommer* ce qui arrive, la dépression étant invoquée comme ignorance de l'existence même de la *vie psychique* et de la nomination de ses états. En somme, la dépression serait un *affect de masse* non pas seulement en raison de sa banalité quotidienne mais surtout pour ce qu'il comporte de l'énigmatique idéal de la *disparition de soi.* Que le mot « dépression » vienne donc communément à signifier tout aussi bien fatigue, asthénie, ennui, tristesse, lassitude, enfermement de soi, inertie, etc. ne relève pas d'une sémiologie différentielle permettant au plan autodescriptif d'accroître chez l'observateur le champ polysémique de son observation : ce qui frappe plutôt c'est que la désignation par le patient de son *état déprimé* participe d'une sensation de soi (qu'on pourrait appeler de « figement ») réduisant en quelque sorte toute la vie psychique à un *point* — point d'observation continuellement éveillée et exclusivement tournée vers la disparition de soi. On pourrait penser ici à une sorte de solipsisme vital, peut-être même à une tautologie psychique fictivement comparable à l'autisme. Le « tautisme dépressif » recèle, en tout cas, une économie de la mort — du moins de cette mort faisant de la dépression une pathologie de l'auto-conservation. C'est là l'une des orientations majeures de ce livre d'Alexandra Triandafillidis qui, parmi tous les intérêts qu'il offre à la lecture, présente le mérite de transformer la banalité familière de la plainte dépressive en un prototype de concept de portée *anasémique*. En somme la polysémie empirique diffuse du terme de « dépression » se transforme métapsychologiquement en anasémie du concept « dépression ».

Mais regardons de plus près ce qui se passe ici. Alexandra Triandafillidis — loin de récuser la nosographie psychiatrique — cherche résolument, sur la base d'une bipolarité fonctionnelle *affect dépression/affect angoisse* qui décentre la bipolarité traditionnelle dépression (mélancolie) — manie, à comprendre l'*affect dépression* selon une perspective *trans-nosographique* et, ce faisant, à restituer son concept à une *métapsychologie* des processus constitutifs de la psyché. Tout en restant au plus près de l'œuvre freudienne, l'auteur effectue un autre décentrement, celui-ci par rapport à « deuil et mélancolie ». Il s'agit alors de suivre de quelles façons se peuvent entendre la *perte* et ses temporalités à la lumière d'une dépression auto-conservatrice. Prolongeant cette interrogation ou, pour mieux dire, en lui donnant le ressort de ses reprises et rebondissements il faudrait alors se demander si l'auto-conservation dépressive n'est pas, sur le modèle de l'auto-érotisme (ou mieux : comme *sensualisation auto-érotique négative*), la forme générique du *suçotement* imaginairement nourricier « de soi à soi ». Auquel cas, une théorie *implicite* de la dépression consisterait à comprendre comment la *disparition de soi* est ici vitale, comment la *mort* est l'allégorie spéculaire (observatrice active) de cet étrange processus de raréfaction *en vue* de disparition, comment encore le *soi (Selbst* ou *Self)* de l'*auto*-conservation *(Selbsterhaltung* ou *Selfconservation)* s'étaye sur le *soi (autos)* de l'auto-érotisme au point de faire de celui-ci, à l'inverse, le modèle de *l'érotisation négative* de la mort dans l'auto-conservation. Dans ces conditions, le propre de la dépression serait de donner à penser un scénario muet de l'étrange nourrissement par suçotement. Une toute-puissance psychique de la mort fait de la *perte* une illusion du regard extérieur puisque *c'est,* pour ainsi dire, *la perte sans objet perdu qui est l'innommable objet de la conservation.*

Que l'on sache mieux aujourd'hui que la dépression est un préaffect de *contact* sous sa forme d'agrippement à soi par immobilisation de soi donne la mesure des changements de point de vue métapsychologiquement à l'œuvre grâce au *concept de dépression.* Les approches neuro-cognitives sur l'inhibition dans la dépression ne sont pas du tout contradictoires avec la métapsychologie du concept et du modèle (voir D. Widlöcher). Et aussi l'intérêt de certains de ces changements de point de vue est certainement d'éclairer d'une nouvelle continuité dynamique les rapports entre anorexie, toxicomanie, compulsions obsessionnelles de contact dans des syndromes de souffrance psychique et psychosomatique. On ne manquerait pas alors de retrouver toute la portée des premières vues freudiennes sur l'angoisse et la neurasthénie, dont on oserait tirer l'idée que la dépression est une hypocondrie de l'organe psychique !

Loin de vouloir synthétiser ou même seulement réunifier les expressions symptomatiques variées de la dépression en un *concept,* Alexandra

Triandafillidis travaille ici à une lecture de l'œuvre freudienne entraînant à la liberté d'écrire et donc de penser la transformabilité de ses modèles. Comme on le voit dans la deuxième partie du livre, la *complication* des modèles relatifs au deuil et à la mélancolie — toujours au regard de la dépression mais ayant cette fois changé de topique ! — ne leur est pas extrinsèque : elle répond à l'exigence clinique psychopathologique de découvrir ce qu'ils *impliquent* et donc ce qui assure qu'ils soient métaphoriquement et fictivement transformables. Au fond, si dans la dépression la perte sans objet devient à elle seule l'objet de l'auto-conservation fascinée par la disparition de soi, il faudrait alors avancer que rien n'est consciemment représentable aux titres de causalité et de finalité et que la dépressivité — ayant partie liée à ce qu'on nomme le *psychique* — est pour l'analyste sollicitation constante à une *mise en figures* dans le langage des « formes sensorielles » d'un proto-affect. Ici le *soi* doit être idéologiquement et idéalogiquement réduit. La dépressivité de Freud, à laquelle fait allusion Alexandra Triandafillidis, serait-elle une véritable méthode psychanalytique ?

Issu d'une recherche tout à la fois anthropologique et psychanalytique, le livre d'Alexandra Triandafillidis est, à mon avis et à l'encontre de la modestie du sous-titre, une véritable *contribution* métapsychologique qui s'élabore comme une *théorie de l'auto-conservation dépressive.* Souhaitons donc à ce travail toute l'attention qu'il mérite à cette époque où ce qui compte avant tout est de laisser se confronter entre elles les approches puisque c'est d'une telle confrontation que peut résulter le fécond renforcement des exigences de la démarche psychanalytique.

Pierre Fédida

affect - ce qui agit s/l être ; affectif - concerne les sentiments -> état affectif p…

syndrome [sundromê = concours] - ens symptômes d'1 maladie ss présager de la cau…

semeiologie [sêmeion = signe + logos = discours]
medec : s'occupe des signes ou symptômes maladies
> phil étude du devt + rôle signes ds vie soc

sémiotique méth, logique : th symboles

symptôme [sumptôma = coïncidence] phénom révélant trouble fctnel ou lésion / indice

topique [topos, lieu] médicamt agisst s/ pts déterminés à l'int ou ext du corps
phil - argt Gal s'appliqt à ts les cas analogues

aporie [aporia - difficulté] difficulté logique ss issue

Présentation

Peu de concepts psychiatriques ont connu, ou connaissent, un succès comparable à celui dont peut se prévaloir la dépression — et ce, sans parler de l'usage (ou de l'abus) que fait de ce terme le langage courant.

Que cherche-t-on à désigner ? De quoi cherche-t-on à rendre compte ?

Il suffit de parcourir la littérature des trente dernières années pour se convaincre que serait illusoire — et surtout réductrice — toute tentative qui viserait à unifier sous un seul mot des fonctionnements psychiques dont la diversité est incontestable.

Reste, par conséquent, à définir au plus près « l'objet dépression » ici en question, et les moyens pour le questionner.

On sait que les tentatives de théorisation sont indissociables de la nécessité, pour le clinicien, de mettre en mots ce à quoi le confronte sa pratique ; autrement dit, la théorie n'a de sens que référée à la pratique.

Ce livre a son origine dans ce souci. Comment rendre compte de l'un des aspects les plus énigmatiques de *certaines* formes cliniques de dépression : *lorsque la mort est présente à la vie, mais ne fait pas mourir,* et paraît même assurer et garantir la seule possibilité de survivre. De quelle mort s'agit-il alors ? En d'autres termes : *quelle est la mort à l'œuvre dans la dépression ?*

Mais ce souci engendre une difficulté dès lors qu'est posé un choix préalable : chercher les mots de la réponse *dans les textes freudiens,* sans pour autant méconnaître l'impact de l'apport psychiatrique, même si la réponse que je propose vient le décentrer. Difficulté, en effet, puisque s'impose une constatation : mort et dépression sont quasiment absentes de l'œuvre explicite de Freud.

Et pourtant, à se familiariser avec l'univers freudien, une conviction s'acquiert peu à peu : la mort est trop présente à la pensée de Freud —

apparaissant même comme l'une de ses préoccupations les plus constantes — pour que cela ne convoque pas l'idée d'une théorie implicite de la dépression dans son œuvre, ou mieux, d'une théorie « en négatif ».

Cette conviction suscite deux questions : l'une de fond : pourquoi cette théorie est-elle restée implicite ? l'autre de méthode : comment procéder pour avancer dans cette recherche ?

La première question ne peut être abordée directement. Elle ne doit d'ailleurs pas l'être, sous peine de risquer ce qui ne saurait s'apparenter qu'à une pathographie de peu d'intérêt. Elle se contourne au moyen d'une hypothèse, après-coup vérifiée : certains concepts kleiniens mettent en mots des intuitions freudiennes qui n'ont pas trouvé leur formulation dans les textes de Freud — celui-ci semblant avoir été comme « empêché » d'expliciter ce qu'il pressentait. Cette hypothèse éclaire la place importante que je fais dans ce travail à la conceptualisation kleinienne lorsque fait défaut une conceptualisation freudienne explicite.

La seconde question, celle de la méthode, qui se complique du peu de travaux freudiens ayant pour objet la mort et la dépression, implique le recours à la *modélisation* : afin de spécifier la dépression à partir des textes freudiens, en s'appuyant sur l'idée qu'elle y est implicitement présente, il s'agira de choisir les concepts qui ont fait l'objet d'une « théorie », et qui se trouvent dans un rapport tel à la dépression qu'il sera possible de construire une « théorie freudienne de la dépression » (*les* concepts, et non pas le concept, car il convient de tenir compte du double sens du terme dépression : à la fois affect et syndrome).

Des motifs discernables dans les textes permettent de choisir deux concepts présents aux travaux freudiens, et suffisamment opératoires pour servir de modèles et permettre de « faire travailler » le concept de dépression dans sa double signification, avant d'en réévaluer la spécificité :

— le concept d'angoisse est un modèle pertinent pour élaborer une théorie de l'affect dépression ;

— le concept de mélancolie, pour élaborer une théorie du syndrome dépression.

Ces deux modélisations comportent nécessairement deux niveaux : un niveau explicitement présent aux textes de Freud, et un niveau qui sollicite l'éclairage kleinien.

Une élaboration *terme à terme* d'une théorie de la dépression sur le modèle de la théorie de l'angoisse implique la mise au point de ses aspects économique, historique et fonctionnel. Quant à l'élaboration d'une théorie de la dépression sur le modèle de la théorie de la mélancolie, elle met en fonction la première modélisation, tout en la compliquant, notamment au titre de la topique.

En un mot : si, au niveau de l'affect, toute « dépression-réel » [1] est sous-tendue par une dépression pulsionnelle, au niveau du syndrome, *toute dépression dite réactionnelle est en fait sous-tendue par une dépression endogène.* C'est ici précisément qu'est rejoint et interpellé le savoir psychiatrique : ce dernier n'argumente-t-il pas l'unicité de la réponse dépressive au-delà du rôle apparent des événements de la vie ? Une théorie freudienne de la dépression donne ainsi la possibilité de confronter, sans les opposer, l'approche psychiatrique et l'hypothèse que je propose dans le champ de la psychopathologie psychanalytique.

Mais, si l'on veut aller plus loin, le point nodal de ces modélisations appelle la prise en compte d'un élément « maltraité » tant par la théorie freudienne que par la théorie kleinienne : le temps. Si l'on s'accorde, en effet, depuis Karl Abraham, à considérer que la perte est à la dépression ce que le danger est à l'angoisse, restent et demeurent cependant les implications temporelles de l'événement déclenchant, du « facteur apparemment déclenchant » ; autrement dit, restent et demeurent à la fois la question de la perte et celle de la temporalité.

Si la perte — sous son rapport de rupture constitutive de l'humain — est nécessairement déjà vécue à l'origine, reste alors à cet humain, pour « s'arranger » avec la mort, un aménagement du temps qui, le plus souvent, prend la forme d'une stratégie, d'une « manipulation » de la temporalité.

Mis en demeure de répondre à la question de la vie — c'est-à-dire de la mort — l'humain n'aurait-il d'autre « choix » que la dépression lorsqu'il ne sait renoncer à l'exactitude de sa réponse ? La dépression serait-elle autre chose que la réponse adéquate, « hyper-normale », à la question qu'impose la vie ?

Considérer la réponse dépressive comme indépendante de toute perte autre que celle inaugurée par la mise au monde conduit à attribuer une fonction — et peut-être une figure — à la mort qui est à l'œuvre dans la dépression : admettre que la mort y a comme perdu sa dimension mortifère, admettre qu'elle semble même assurer une fonction auto-conservatrice, n'est-ce pas l'une des façons de rendre compte de *l'inquiétante familiarité* que provoque, chez celui qui écoute, la parole dépressive ?

1. Voir p. 25, note 1.

Introduction

Deux modélisations

La polysémie du concept « dépression » est incontestable : tantôt *symptôme* — tristesse persistante ou excessive aux yeux de l'observateur qui croit être en mesure d'apprécier la réalité objective de l'autre avec exactitude —, tantôt *syndrome* — lorsqu'à cette tristesse s'associent d'autres symptômes, dont le repérage et l'importance respective qui leur est accordée dépendent des critères de référence des auteurs.

L'hétérogénéité de ce qui est désigné est, ainsi, le plus souvent masquée par l'unicité du vocable, imprécision que renforce le passage du terme « dépression » dans le langage courant.

Pour ma part, j'ai choisi de pousser à l'extrême le double sens du concept, en dissociant — dans un premier temps — le symptôme et le syndrome, afin de parvenir — dans un second temps — à les réévaluer, à la fois dans leur spécificité et dans leur indéniable intrication.

La méthode qu'implique une telle démarche consiste à associer successivement le symptôme-dépression et le syndrome-dépression à d'autres concepts, qui leur sont suffisamment comparables pour leur être heuristiquement opposés.

Pour des motifs que je vais exposer, j'ai ainsi opposé :

— le symptôme-dépression, en sa qualité d'affect, à l'affect angoisse ;

— le syndrome-dépression, à la névrose obsessionnelle et surtout à la mélancolie.

Autrement dit, l'angoisse d'une part, la névrose obsessionnelle et la mélancolie d'autre part, sont les concepts qui — dans les textes freudiens — se prêtent, me semble-t-il, le mieux au rôle assigné : « faire travailler » le concept de dépression à partir de sa double signification.

Cette opposition, présentée de la sorte, induit une évidence qui s'impose aussitôt comme question : alors que Freud a, dès le début de ses travaux et pendant toute sa vie, étudié et théorisé *et* l'angoisse, *et* la névrose obsessionnelle, *et* la mélancolie, il n'a jamais élaboré une théorie de la dépression, ni comme affect, ni comme syndrome ; il n'a même jamais consacré de texte à cette question, bien que diverses notations afférentes à la dépression, tantôt symptôme, tantôt syndrome, se trouvent dans ses travaux.

Cette constatation implique de nuancer radicalement la « précision » apportée par les traducteurs de Freud, sur l'équivalence entre mélancolie et dépression dans les textes freudiens [1]. S'il est incontestable que la tentative de spécification des dépressions est postérieure à Freud, il n'est pas moins certain que de multiples remarques de Freud, bien qu'elles n'aient jamais donné lieu à développements, manifestent irréfutablement qu'il faisait une distinction entre la dépression et la mélancolie, même si ces termes sont souvent, il est vrai, quasiment employés l'un pour l'autre [2].

Deux exemples, parmi d'autres, sont particulièrement probants :

1) « La dépression périodique *(periodische Verstimmung)*... se distingue, la plupart du temps, de la mélancolie vraie *(echter Melancholie)* par son rapport, en apparence rationnel, avec quelque traumatisme psychique. De plus, cette dépression périodique *(periodische Verstimmung)* est dépourvue de l'anesthésie psychique (sexuelle) qui caractérise la mélancolie » [3].

Cette différenciation n'est-elle pas au centre de toutes les spécifications contemporaines — fondées sur l'hypothèse dualiste — qui font appel à une opposition réactionnel/endogène, ou névrotique/endogène ?

---

1. Que ce soit en note du « Manuscrit G », in *Naissance de la psychanalyse,* trad. fr. Paris, PUF, 1956, pp. 91-92, note 5 ; ou encore en note de la nouvelle traduction de « Psychologie des foules et analyse du moi », in *Essais de psychanalyse,* trad. fr. Paris, Payot, 1981, p. 172, note des traducteurs.

2. D'autres concepts sont dans le même cas : notamment le moi-idéal et l'idéal du moi/surmoi, ou l'infériorité et la culpabilité. Je chercherai à montrer que la spécification de la dépression-syndrome par rapport à la mélancolie passe précisément par une redifférenciation de ces concepts (cf. 2e partie).

3. « Manuscrit B », du 8.2.1883, in *Naissance de la psychanalyse, op. cit.,* p. 65 (p. 80). Les mots allemands entre parenthèses sont ceux employés par Freud dans le texte original. Quant aux références de pages entre parenthèses, ce sont celles de *Aus den Anfängen der Psychoanalyse,* London, Imago Publisching Co, Ltd., 1950, pour ce qui concerne les lettres et manuscrits à Fliess ; celles des *Gesammelte Werke* pour les autres textes cités.

2) « ... l'inhibition qui caractérise les états dépressifs *(Depressionszustände)* et le plus grave d'entre eux, la mélancolie *(Melancholie)* » [4].

Cette distinction entre états dépressifs et mélancolie, par le degré de gravité du symptôme, n'évoque-t-elle pas les théories contemporaines de la dépression fondées sur l'hypothèse unitaire ?

Autrement dit, alors que Freud n'a jamais approfondi ces remarques, il semble bien qu'*il aurait pu, paradoxalement, argumenter les deux théories les plus actuelles sur la dépression.* Il aurait pu argumenter ce qui, aujourd'hui encore, constitue le « grand débat » sur la dépression : unicité ou dualité [5] ?

Ceci suggère qu'entre les deux théories, il y a, il doit y avoir un point de passage qu'il faut rechercher, car sa mise au jour ne sera pas sans conséquences dans la clinique.

L'objectif de ce livre est ici en perspective : travailler au plus près des textes de Freud, de leurs ouvertures comme de leurs butées, de leurs formulations explicites comme de leurs questions implicites, afin d'esquisser une théorie de la dépression dans le négatif de l'œuvre freudienne.

Dans la mesure où cet objectif ne saurait se concevoir indépendamment de son intérêt et de sa pertinence dans le champ de la clinique, l'inconvénient inhérent à la démarche que j'ai choisie se doit d'être exprimé (et déploré), ne serait-ce que pour le pallier partiellement. Comment concilier la rigueur du travail des textes et les apories de la clinique ? Comment exposer des théorisations souvent complexes sans que le souci de clarté ne s'apparente à une affligeante systématisation ?

Sans annuler cette difficulté, la présentation que j'ai adoptée consiste à construire d'abord les modèles théoriques pour évaluer ensuite leurs incidences et leur opérativité cliniques.

Notons que *Verstimmung* peut être traduit par « dépression » sous la condition de rappeler que *Stimmung* marque, en allemand, la fonction de l'humeur, *Verstimmung* insistant de ce fait sur la discordance de l'humeur.

4. *Inhibition, symptôme et angoisse,* trad. fr. Paris, PUF, 1973, p. 5 (XIV, p. 117).

5. Comme le rappelle D. Widlöcher, dans son livre *Les logiques de la dépression,* Paris, Fayard, 1983, p. 29.

PREMIÈRE PARTIE

AFFECT DÉPRESSION / AFFECT ANGOISSE

I

Choix du modèle

Poser que la dépression peut être étudiée comme « affect », c'est mettre en évidence, et en question, l'imprécision terminologique afférente à ce terme. C'est, en effet, laisser momentanément de côté la caractérisation d'un syndrome à partir de son symptôme majeur, pour interroger ce symptôme en lui-même : un état affectif où prédomine la tristesse, « *la* dépression », et qui, associé à d'autres symptômes, suggère que la pathologie sous-jacente fait partie des états dépressifs, « *des* dépressions ».

Compte tenu de ce qui a été dit précédemment, ce n'est pas chez Freud que j'ai recherché l'affect pouvant être à la fois comparé et opposé à la dépression, mais chez celui dont tout le monde s'accorde pour reconnaître la place de fondateur qu'il tient dans la théorisation psychanalytique de la « maniaco-dépression » : Karl Abraham, « l'élève qui, par son article inaugural de 1911, ouvre "officiellement" le dossier » [1].

Outre cet apport essentiel, l'intérêt majeur de l'œuvre d'Abraham est qu'« elle se présente comme un approfondissement freudien de la théorie » [2], par un travail toujours mené dans une fidélité sans faille à Freud, à sa personne comme à ses idées — idées auxquelles les études d'Abraham cherchent à apporter une confirmation clinique.

1. Ebtinger R., « Le dialogue Abraham-Freud sur la mélancolie », in *Confrontations psychiatriques,* 1976, n° 14, p. 160.
2. Rosolato G. et Widlöcher D., « Karl Abraham : lecture de son œuvre », in *La psychanalyse,* 1958, n° 4, p. 153.

Si la correspondance entre Freud et Abraham n'établit pas qu'Abraham ait été au courant des hypothèses de Freud sur la maniaco-dépression (exprimées dans les lettres et les manuscrits destinés à Fliess), elle témoigne en revanche de l'intérêt qu'Abraham portait aux troubles de l'humeur.

Lorsqu'en 1910, il écrit à Freud que son expérience clinique — même si elle est restreinte à trois patients cyclothymes — lui laisse espérer quelque compréhension de « la nature de cette maladie », il semble s'intéresser tout autant à la dépression qu'à l'exaltation, ce qui lui fait comme regretter de ne connaître « l'état exalté que par des descriptions après coup » [3]. Et quelques mois de travail supplémentaires sur cette question lui permettent d'annoncer qu'il va « pouvoir présenter quelque chose de neuf, du moins d'inédit » [4].

Effectivement, l'exposé annoncé — qui fait l'objet de la conférence d'Abraham à Weimar, le 21 septembre 1911, au IIIe Congrès de Psychanalyse [5] — offre un apport original, et surtout *la possibilité d'établir un lien pertinent entre la dépression et l'angoisse.*

Ce lien peut être saisi à trois niveaux :

1) Alors que l'angoisse a fait l'objet de l'attention et de l'intérêt des psychanalystes — ce que prouve le nombre d'écrits qui lui sont consacrés — la dépression n'a pas bénéficié des mêmes faveurs. « Et cependant, la dépression est aussi répandue dans toutes les formes de névrose et de psychose que l'angoisse » [6]. Les deux affects, les deux « états émotionnels » sont ainsi comparés, *et par conséquent comparables,* ce que leur coexistence, ou leur succession, chez une même personne incite en outre à problématiser.

2) « Il y a entre l'angoisse et la dépression une relation analogue à celle qui existe entre la peur et le deuil. Nous craignons un malheur à venir, nous sommes en deuil d'un malheur réalisé » [7]. Autrement dit, une double articulation peut être mise en évidence : d'une part, angoisse et dépression répondent au « malheur », leur différence désignant la position temporelle de celui-ci — *l'angoisse s'adresse au futur, tandis que la dépression se réfère au passé ;* et d'autre part, angoisse et dépression ne sont pas déclenchées par le même « malheur » : *l'angoisse se trouve du côté du danger, tandis que la dépression se situe du côté de la perte.*

---

3. Lettre du 14.12.1910, in S. Freud — K. Abraham, *Correspondance 1907-1926,* trad. fr. Paris, Gallimard, 1969, p. 101.
4. Lettre du 28.8.1911, in *ibid.,* p. 112.
5. Abraham K., « Préliminaires à l'investigation et au traitement de la folie maniaco-dépressive et des états voisins », trad. fr. in *Œuvres complètes,* T. I, Paris, Payot, 1965, pp. 99-113.
6. *Ibid.,* p. 99.
7. *Ibid.,* p. 99.

3) Angoisse et dépression se distinguent de la peur et du deuil quant à leur origine : elles sont en effet issues du refoulement, c'est-à-dire déterminées « par des motifs inconscients ». La réponse d'angoisse suppose que le névrosé n'a pas renoncé à la satisfaction interdite, tandis que la réponse dépressive montre qu'il y a renoncé, ce qui explique qu'il « doute de la vie et de l'avenir » [8].

Ces trois notations, introduites par Abraham dès la première page de son article, dessinent le choix de l'affect sur lequel modéliser l'affect dépression, tout en marquant d'emblée l'importance à accorder à la temporalité ; *l'affect dépression peut être comparé à l'affect angoisse* selon plusieurs axes, et principalement selon une double détermination :

— le danger est à l'angoisse ce que la perte est à la dépression ;

— cette proposition engage une appréciation différentielle de la position temporelle du facteur déclenchant.

En d'autres termes, la réévaluation de la dépression à partir des élaborations consacrées à l'angoisse doit permettre d'esquisser une théorie de la dépression-affect *sur le modèle* de la théorie de l'angoisse.

La démarche suivie comporte trois temps :

1) Une *mise en perspective* du modèle, c'est-à-dire l'exposé des *seules* données de la théorie de l'angoisse utilisées pour construire une « théorie de la dépression » qui puisse se réclamer de la pensée freudienne ; autrement dit, une présentation limitée aux points qui participent de la définition de l'angoisse *dans ses rapports au danger.*

L'angoisse a fait l'objet de multiples élaborations de Freud, elle a même donné lieu à deux « théories » successives. Si les éléments retenus ici appartiennent exclusivement à ce qu'il est convenu d'appeler « deuxième théorie » de l'angoisse [9], c'est parce que Freud a lui-même désigné comme essentielle l'importance nouvelle qu'il accorde désormais au danger : il considère que le « progrès » réalisé « a consisté à ramener

8. *Ibid.,* p. 99.

9. Qui est exposée par Freud principalement dans les deux textes suivants : « L'angoisse », in *Introduction à la psychanalyse* (1916-1917), trad. fr. Paris, Payot, 1973, ch. 25, pp. 370-388 ; et *Inhibition, symptôme et angoisse* (1926), *op. cit.* La plupart des idées qui seront développées en 1926 sont présentes — ne serait-ce qu'à l'état d'ébauche — au texte de 1916-1917, lequel, même s'il étudie préférentiellement l'aspect économique du phénomène d'angoisse, esquisse l'essentiel de ce qui constituera ses aspects historique et fonctionnel. Quant au texte de 1926, en conservant l'aspect économique, mais en privilégiant par moments les aspects historique et fonctionnel, il confirme les acquis antérieurs, accentue certaines perspectives et dégage des directions nouvelles. Sa principale complexité réside dans le cheminement tantôt audacieux, tantôt hésitant que suit Freud, allant au bout de propositions qui ne s'invalident que d'avoir été poussées à l'extrême, nuançant

la réaction d'angoisse à la situation de danger » [10], perspective qui permet de rejoindre, d'argumenter, mais aussi de problématiser la comparaison posée par Abraham.

2) Une *mise à l'épreuve* du modèle de l'angoisse, destinée à fonder la spécificité de la dépression, et qui consiste à modifier les termes en fonction des mécanismes en jeu ; autrement dit, à remplacer au départ le danger par la perte, tout en tenant compte des implications temporelles et de leurs incidences.

3) Une *évaluation* des possibilités théoriques et cliniques qu'ouvre cette modélisation.

---

ses propos par des allers et retours successifs, posant au fur et à mesure les interrogations qui surgissent pour ne les approfondir que dans les pages des « Addenda » — tout cela entraînant la nécessité d'un va-et-vient incessant d'une page à l'autre pour s'efforcer de ne pas trahir la dynamique de la pensée de l'auteur. Pour ce qui est de la lecture de ces textes, je m'inspire largement, dans ce chapitre, des travaux de J. Laplanche (et notamment de : *Problématiques I — L'angoisse,* Paris, PUF, 1980), même si sur certains points, je m'en éloigne.

10. *Inhibition, symptôme et angoisse, op. cit.,* p. 94.

II

Mise en perspective du modèle

La modélisation choisie se fonde sur une proposition simple : *la perte est à la dépression ce que le danger est à l'angoisse.* Mais cette simplicité n'est qu'apparente. En effet, la problématisation de la notion de danger entrecroise deux axes essentiels : le premier approfondit la différenciation entre angoisse-réel [1] *(Realangst)* et angoisse névrotique *(nevrotische Angst),* et désigne une angoisse liée à la pulsion *(Trieb-Angst) ;* le second, en permettant de dépasser la distinction terminologique entre effroi, angoisse et peur, développe la description des deux formes sous lesquelles l'angoisse se manifeste (angoisse préparation et angoisse développement, ou encore angoisse signal et angoisse automatique), et introduit l'idée que le moi peut produire de l'angoisse.

La lecture que je propose consiste à rapprocher ces deux axes de deux préoccupations freudiennes, à la fois étroitement intriquées et radicalement inconciliables : la *causalité* et l'*intentionnalité.* Dans la « deuxième théorie » de l'angoisse, ces préoccupations se traduisent par l'intérêt accordé aux aspects historique et fonctionnel. Quant à l'aspect

1. J'adopte ici, et pour la suite de ce travail, l'orthographe proposée par J. Laplanche, pour rappeler que *Real* est un substantif, autrement dit que *Realangst* serait à traduire par « angoisse devant un danger réel », par opposition à « l'angoisse névrotique qui est angoisse devant un danger fantasmatique interne » : « ce n'est pas l'angoisse comme phénomène qui est plus réelle qu'une autre, mais elle se situe devant un phénomène effectif de la réalité extérieure » (*Problématiques I, op. cit.,* p. 52).

économique, la centralité dont il bénéficie dans la pensée freudienne se manifeste ici dans la position privilégiée qui lui est attribuée : imprégnant la causalité, éclairant l'intentionnalité, et surtout, ouvrant une hypothèse qui permet de spécifier la dépression.

Le plan suivi pourrait laisser penser que Freud part de l'une pour rejoindre l'autre. Ce qui est faux ; on ne saurait oublier qu'en fait, le trajet est circulaire, et non linéaire : poser la question de la causalité revient à poser celle de l'intentionnalité, et réciproquement. Mais surtout, apporter une réponse à la question de la causalité équivaut à reposer la question de l'intentionnalité, et inversement. D'où l'importance que j'accorde à la temporalité, pour décentrer l'interrogation.

1. L'AXE ÉCONOMIQUE/HISTORIQUE : LA CAUSALITÉ

La tentative d'isoler une angoisse-réel s'inscrit dans un double enracinement dont chacun des aspects est central à la pensée freudienne : d'une part, la recherche du moment où un phénomène commun à tout un chacun doit être considéré comme pathologique, le passage étant référé à l'intensité, à la durée ou à la fréquence du phénomène ; d'autre part, la recherche d'une correspondance, obéissant à la rationalité, entre l'effet observé et une causalité repérable, le passage dans le champ du pathologique étant cette fois référé à l'impossibilité de déceler une cause qui s'impose à la rationalité comme facteur déclenchant, explicatif.

Dans la désignation d'une angoisse-réel, les deux aspects s'entrecroisent : le premier, de fait, car alors que personne ne prétendrait n'avoir jamais éprouvé d'angoisse, cette même angoisse, quand augmentent son intensité et sa fréquence, figure parmi les symptômes les plus présents à la souffrance psychique ; le second, parce que la difficulté à établir une ligne de partage entre le rationnel et l'irrationnel sous-tend l'insistance et l'impossibilité d'isoler une angoisse-réel qui se distinguerait radicalement d'une angoisse pathologique, et éclaire du même coup l'insistance et l'impossibilité similaires que l'on rencontre lorsqu'il s'agit de l'autre affect, à la fois si familier à la vie psychique et si central à la souffrance : la dépression. Ligne de partage en fait impensable si l'on se souvient que ce qui s'oppose au « rationnel », c'est le « démoniaque qui existe en nous » [2].

2. *Inhibition, symptôme et angoisse*, *op. cit.*, p. 12.

Angoisse-réel/angoisse névrotique : les limites d'une distinction.

L'angoisse-réel est désignée par Freud dès 1916 [3]. Elle est opposée dans un premier temps à une angoisse névrotique, dont elle se distingue par son apparence rationnelle et compréhensible.

Mais il s'agit bien d'apparence : comme si les limites de cette distinction s'imposaient d'elles-mêmes. Dans un second temps en effet, si l'on considère que l'angoisse est rationnelle lorsqu'elle répond adéquatement à une situation de danger objectif, on doit convenir que la réaction la plus adaptée — fuite, défense ou attaque — ne lui laisse quasiment pas de place.

Cette constatation, en ouvrant la question du but de l'angoisse, convoque la potentialité de sa fonction — sur laquelle je reviendrai [4].

La notion de danger pulsionnel

En 1926, le double aspect de l'angoisse — réponse à une situation de danger objectif et/ou manifestation névrotique — est repris par Freud avec le souci de préciser davantage la distinction déjà désignée entre angoisse-réel et angoisse névrotique.

Si l'angoisse reste, dans tous les cas, la réaction à une situation de danger, l'examen des phobies d'animaux chez l'enfant montre que, dans l'angoisse névrotique (et contrairement à ce qui se passe dans l'angoisse-réel), « le contenu de l'angoisse demeure inconscient et ne devient conscient que sous un aspect déformé » [5].

En outre, la problématisation du mécanisme de la névrose traumatique et l'étude des névroses de la vie quotidienne mettent en évidence que « le seul fait objectif d'être soumis au danger » ne suffit pas à expliquer un symptôme névrotique, et qu'en conséquence, « les couches inconscientes les plus profondes de l'appareil psychique » sont nécessairement « impliquées » [6]. Cette remarque ouvre, quant à l'origine de l'angoisse, une seconde possibilité :

> « à savoir que l'angoisse ne soit pas seulement un affect qui signale le danger, mais soit aussi produite, à titre de manifestation nouvelle, à partir des conditions économiques de la situation » [7].

Une autre formulation est à ne pas perdre de vue : si l'angoisse-réel suppose qu'on connaît le danger, qu'on peut l'identifier, c'est sur la

3. Cf. *Introduction à la psychanalyse, op. cit,* ch. 25, pp. 371-72, (XI, pp. 408-409).
4. Voir pp. 32-37.
5. *Inhibition, symptôme et angoisse, op. cit.,* p. 50.
6. *Ibid.,* p. 53.
7. *Ibid.,* p. 53. Je reviendrai sur ce point.

nature du danger à l'origine de l'angoisse névrotique qu'il convient de s'interroger : « l'analyse nous a appris que c'est un danger pulsionnel », ce qui revient à désigner une angoisse liée à la pulsion [8].

En tout état de cause, c'est le danger qui est l'embrayeur de l'angoisse, mais ce n'est pas le degré de réalité objective de ce danger qui permet de différencier l'angoisse-réel de l'angoisse névrotique. C'est son origine : le danger qui menace peut provenir soit d'un objet extérieur, soit d'une revendication pulsionnelle. Et l'identité de la réaction devant le danger, alors que celui-ci émane de deux sources différentes (externe ou interne), manifeste la complexité et l'intrication des mécanismes en jeu [9].

Les cas où se mêlent angoisse-réel et angoisse névrotique confirment, dans un premier temps, que l'élément névrotique siège dans l'excès, dans la disproportion entre la cause connue et l'effet observé.

Mais, dans un second temps — en soulignant que l'évaluation de la réaction passe par « notre sens » — et puisque la réponse vraiment adéquate ne nécessite pas davantage que le signal, il devient évident que toute réaction d'angoisse qui dépasse l'instantanéité du signal, tout accès, tout développement, dépasse en même temps son objectif. Autrement dit, tout ce qui excède le signal manifeste l'irrationnel et se présente comme indice du névrotique [10]. Ce qui fait « perdre d'emblée son privilège à l'angoisse-réel : comme toute angoisse, l'angoisse-réel a un aspect pathologique, sous sa forme de "développement" », et conduit à affirmer que « toute angoisse-réel, dès qu'elle se développe, serait soustendue par une angoisse névrotique » [11].

Le danger objectif apparaît donc comme nécessairement corrélatif d'un danger pulsionnel auquel il fait écho, la résonance impliquée par le dépassement du signal trouvant là sa légitimation.

---

8. *Ibid.*, p. 94. Rappelons la périphrase que J. Laplanche propose en traduction du terme de Freud : « La *Trieb-Angst* c'est l'angoisse pulsionnelle, angoisse de pulsion, angoisse en rapport avec la pulsion ». *Problématiques II — Castration, Symbolisations,* Paris, PUF, 1980, p. 147.

9. En effet, d'une part, « la revendication pulsionnelle ne devient un danger (intérieur) que parce que sa satisfaction entraînerait un danger extérieur, donc parce que ce danger intérieur représente un danger extérieur », et d'autre part, « le danger extérieur (réel) doit aussi avoir passé par une intériorisation pour pouvoir prendre un sens pour le moi » (*Inhibition, symptôme et angoisse, op. cit.*, p. 97).

10. Remarquons l'implicite équivalence entre l'irrationnel et le pathologique : tout se passe comme si l'essence même de l'inconscient scellait la nature « psychopathologique » du fonctionnement psychique.

11. *Problématiques I, op. cit.*, pp. 53 et 54.

La recherche d'une expérience première d'angoisse

La mise en évidence du rôle de la castration dans la production de l'angoisse — castration à laquelle le sujet est « préparé... par des pertes de l'objet régulièrement répétées » — incite à envisager l'angoisse « comme la réaction à une perte, à une séparation » [12]. Avec, immédiatement, l'interrogation que convoque cette nouvelle conception et qui complique la notion de danger : la naissance peut-elle être considérée comme la première expérience d'angoisse, alors qu'elle « n'est pas vécue subjectivement comme séparation de la mère car celle-ci est, en tant qu'objet, complètement inconnue du foetus absolument narcissique » [13] ? Autrement dit, pour qu'une séparation soit vécue en tant que telle, et de ce fait, représente un danger, il faut que l'objet soit appréhendé en tant qu'objet, ce qui ne saurait être le cas au moment de la naissance.

Mais la désignation de la naissance comme expérience première d'angoisse répond au souci de trouver un facteur historique explicatif, souci auquel, on le sait, Freud n'a jamais réellement renoncé.

L'idée que la naissance pourrait être ce moment premier d'angoisse est présente au texte de 1916 [14]. L'angoisse, « l'impression reculée » que le sujet « reproduit en la répétant », y est implicitement désignée comme une angoisse-réel — en quelque sorte à son maximum de réalité — puisque le danger encouru par le nourrisson est non seulement objectif, mais concerne directement la survie, même s'il est bien évident que la question de la mort n'est pas posée comme telle.

Aussi, seule une perspective rigoureusement économique autorise à qualifier la naissance d'expérience « prototype » de l'angoisse : le sujet est envahi et débordé en effet par une quantité d'excitation qu'il ne peut maîtriser, et il s'agit bien déjà d'attaque interne, c'est-à-dire de ce qui constitue l'essentiel de l'angoisse en 1926.

Entre-temps, Otto Rank a proposé son travail, *Le traumatisme de la naissance,* sur lequel Freud s'est prononcé de façon quelque peu contradictoire : intérêt évident, car les hypothèses de Rank vont dans le sens d'un événement originaire repérable, mais réticences importantes, puisque sont laissées de côté certaines exigences essentielles de la théorie psychanalytique [15].

---

12. *Inhibition, symptôme et angoisse, op. cit.,* p. 54.

13. *Ibid.,* p. 54. Cette question est suivie d'une interrogation sur les réactions différentielles devant la perte, que j'étudierai plus loin.

14. Cf. *Introduction à la psychanalyse, op. cit.,* ch. 25, pp. 373-374.

15. Cf. à ce propos la circulaire adressée par Freud aux membres du Comité, en date du 15.2.1924, in S. Freud - K. Abraham, *Correspondance 1907-1926, op. cit.,* pp. 350-353.

Le texte de 1926 est donc, pour partie, appelé à concilier la recherche d'un facteur historique explicatif et les acquis de la théorie. D'où la juxtaposition — plutôt que la synthèse — entre l'aspect économique et l'aspect historique de l'angoisse.

Ainsi, même si l'on doit convenir qu'il y a de l'angoisse « dont le prototype n'est pas la naissance », « cela n'empêche... pas que l'angoisse se modèle chez l'homme sur le processus de la naissance » [16].

Une idée essentielle est de la sorte avancée : c'est la *fonction* de l'angoisse qu'il s'agit de découvrir pour élucider son mécanisme. Et pour ce faire, il est nécessaire d'examiner les occasions dans lesquelles elle se produit, ou, plus précisément, se re-produit :

> « La réponse semble aller de soi, s'imposer. L'angoisse est apparue à l'origine en réaction à un état de *danger*, elle est maintenant régulièrement reproduite lorsqu'un tel état se présente » [17].

L'affinement progressif de cette première réponse — c'est-à-dire de la notion de danger — permet de distinguer deux formes d'angoisse : « l'une impropre, dans une situation de danger nouvelle, l'autre appropriée, ayant pour but de signaler et de prévenir une telle situation »[18].

Cette distinction, si on la réfère à l'expérience de la naissance, et compte tenu du fait qu'à ce moment le danger ne saurait avoir « aucun contenu psychique », réintroduit la dimension économique du surgissement d'angoisse, mais problématisée cette fois avec la cause — efficiente par la suite — de la perturbation économique. Ce qui aboutit, lorsqu'on a identifié la « condition unique » du surgissement d'angoisse chez l'enfant, à l'idée selon laquelle le danger qui réveille le « souvenir » de la naissance, c'est « l'accroissement de la tension du besoin »[19].

Et de ce point de vue où, comme le dit Freud, « tout s'ordonne », se trouve posée, dans son originalité, la conception freudienne de l'angoisse, qui articule l'économique, l'historique et le fonctionnel : le « véritable noyau » du danger, « c'est la perturbation économique consécutive à l'accroissement des quantités d'excitation qui exigent d'être liquidées » [20].

Lorsque cet accroissement est considéré comme « indice caractérisant le danger », la naissance peut effectivement apparaître comme une expérience d'angoisse. Autrement dit, à l'origine, cet accroissement est concomitant du moment de la naissance qui, en ce sens — mais en ce

16. *Inhibition, symptôme et angoisse, op. cit.*, pp. 57 et 58.
17. *Ibid.*, p. 58.
18. *Ibid.*, p. 58. Je reviendrai sur ce point.
19. *Ibid.*, p. 61.
20. *Ibid.*, pp. 61-62.

sens seulement [21] — est bien « l'expérience prototype » [22] de l'angoisse, c'est-à-dire l'expérience d'une tension de besoin excessive. Par la suite, et pour le reste de la vie, il est concomitant de toute situation de besoin, d'insatisfaction, « où des quantités d'excitation atteignent un niveau déplaisant sans maîtrise possible par utilisation psychique et décharge » [23].

Le déplacement du contenu du danger

La mise en évidence de ce point commun à toutes les expériences d'angoisse éclaire le déplacement subi par le contenu du danger : dès lors que l'enfant a expérimenté que la diminution de la tension qu'il éprouve dépend de l'objet maternel qui apporte satisfaction, c'est la perte de cet objet — « l'absence de la mère » — qui devient dangereuse, avant même que la tension n'ait atteint un niveau déplaisant.

Autrement dit, si l'angoisse surgit en réaction à l'absence de l'objet qui apaise, et si elle disparaît dès que la présence de l'objet met fin à la situation de danger, le déplacement désigné par Freud se conçoit : « le contenu du danger se déplace de la situation économique à ce qui en est la condition déterminante : la perte de l'objet » [24].

Cette désignation de la perte de l'objet comme condition déterminante du danger, et par suite, comme source de l'angoisse, prend en compte toutes les modifications de cet objet : de la naissance (où l'objet est inconnu en tant que tel) à la castration, en passant par la perte du sein, puis des fécès [25]. Elle fonde en outre la double constatation selon laquelle, d'une part, à chaque époque de la vie correspond un danger spécifique, et d'autre part, les diverses situations déterminant l'angoisse peuvent persister ou réapparaître de façon anachronique [26].

En tout état de cause, le déplacement du contenu du danger correspond à un temps second, à une « transformation », qui « implique en même temps le passage d'une angoisse produite comme une manifes-

21. « Nous ne saurions, à coup sûr, supposer que le fœtus sache, sous quelque forme que l'on envisage ce savoir, qu'une issue fatale est possible. Le fœtus ne peut rien enregistrer d'autre qu'une perturbation considérable dans l'économie de sa libido narcissique ». *Ibid.*, p. 59.

22. *Ibid.*, p. 57.

23. *Ibid.*, p. 61.

24. *Ibid.*, p. 62.

25. J. Laplanche a montré comment, à chaque étape de ce qu'il appelle la « généalogie des situations d'angoisse », le danger déclenchant l'angoisse est un peu moins réel, tandis que le fantasme, lui, est un peu plus présent. Cf. *Problématiques I, op. cit.*, pp. 140-142.

26. Cf. *Inhibition, symptôme et angoisse, op. cit.*, pp. 66-67 et p. 73.

tation chaque fois nouvelle, involontairement, automatiquement, à sa reproduction intentionnelle comme signal du danger » [27].

Cette transformation s'inscrit à l'origine de la double polarité de l'angoisse. A partir de là, l'angoisse peut être soit « phénomène automatique », soit « signal d'alarme », ce second aspect manifestant un « premier et important progrès dans les dispositions prises en vue d'assurer l'auto-conservation » [28].

2. L'AXE ÉCONOMIQUE/FONCTIONNEL : L'INTENTIONNALITÉ

Fonction de l'angoisse

La potentialité d'une fonction de l'angoisse est présente au texte de 1916 : en effet, l'examen minutieux de la situation qu'elle engendre fait apparaître qu'elle *prépare au danger.*

Une fois désignée cette fonction de préparation — qui demeure centrale aux élaborations ultérieures — il reste à envisager ce qui module l'existence de l'élément névrotique. Il semble que ce soit une différence d'intensité, et surtout de durée, puisque les termes utilisés sont ceux de « signal » et de « développement » : l'angoisse permet de répondre au danger, car c'est d'elle que découle « l'action motrice » — ce qui explique le risque encouru si elle fait défaut ; à ce titre, c'est-à-dire au titre du signal, elle est utile et rationnelle ; mais dès qu'elle se développe, elle crée un état « que nous éprouvons comme un état d'angoisse *(Angstzustand)* » ; le développement d'angoisse, en retardant la transformation de la préparation en action, est contraire au but, et par là-même irrationnel [29].

Autrement dit, c'est dans son apparition *a minima* que l'angoisse est utile, voire indispensable : sans elle surgissant comme signal, sans la préparation qu'elle déclenche, le sujet est exposé à des « conséquences graves », à des risques que précisera la différenciation d'avec l'effroi. Le signal d'angoisse est la réponse rationnelle devant un danger de la réalité extérieure. Dès que cette réponse a été donnée, tout surplus, tout développement de l'angoisse entrave la rationalité de ce qui suit, et, dans l'inadéquation qu'il manifeste, signifie son caractère pathologique.

En 1926, l'aspect nécessaire de l'angoisse n'est pas abandonné, bien au contraire. Freud réaffirme, en effet, que « l'angoisse doit remplir

27. *Ibid.*, p. 62.
28. *Ibid.*, p. 62.
29. Cf. *Introduction à la psychanalyse, op. cit.*, ch. 25, p. 372 (XI, p. 409).

une fonction biologiquement indispensable de réaction à l'état de danger », et précise plus généralement que « les symptômes sont créés pour soustraire le moi à la situation de danger » [30].

Distinctions terminologiques

A. Angoisse, effroi et peur

Dès 1916, Freud opère une distinction terminologique entre angoisse, effroi et peur [31]. Puis en 1920, il définit à nouveau ces trois termes, de façon encore plus nuancée, et précise en outre que c'est leur rapport différentiel au danger qui permet de les distinguer :

> « *Effroi, peur, angoisse* sont des termes qu'on a tort d'utiliser comme synonymes ; leur rapport au danger permet de bien les différencier. Le terme d'angoisse désigne un état caractérisé par l'attente du danger et la préparation à celui-ci, même s'il est inconnu ; le terme de peur suppose un objet défini dont on a peur ; quant au terme d'effroi, il désigne l'état qui survient quand on tombe dans une situation dangereuse sans y être préparé ; il met l'accent sur le facteur surprise. ... Il y a dans l'angoisse quelque chose qui protège contre l'effroi » [32].

Si chacun des termes se voit ainsi attribuer un sens bien précis, et des caractéristiques repérables, il n'en reste pas moins qu'ils s'imbriquent étroitement les uns aux autres. L'angoisse possède toutefois un rôle-pivot, provenant sans doute du double sens de l'*Angst* et de son double aspect *(Angstentwicklung* et *Angstbereitschaft) ;* et c'est en fonction de cette position centrale que s'articulent l'effroi et la peur, notamment au titre d'une structuration plus ou moins importante :

— *l'effroi* est caractérisé par la non-préparation, la surprise, et par suite, le débordement.

Il est à associer au traumatisme, dans un rapport complexe et paradoxal : la préparation n'a pas prise sur l'effroi ; quel que soit le nombre d'expériences auxquelles il a été confronté dans le passé, le moi est toujours pris « à revers », toujours et comme par définition, du fait de l'implantation interne de la source de l'attaque. L'effroi, enfin, fait effraction : il pénètre et envahit l'organisme — qu'il s'agisse de la vési-

30. *Inhibition, symptôme et angoisse, op. cit.*, pp. 57 et 69.

31. Cf. *Introduction à la psychanalyse, op. cit.*, ch. 25, p. 372 (XI, p. 410).

32. « Au-delà du principe de plaisir », trad. fr. in *Essais de psychanalyse,* Paris, Payot, 1981, p. 50. Cette citation a fait l'objet d'un commentaire détaillé de J. Laplanche, auquel je me réfère pour dégager et souligner les points que j'utiliserai comme « modèle » pour la dépression (cf. *Problématiques I, op. cit.*, notamment pp. 55-72).

cule protoplasmique ou du moi — et, en l'absence de préparation, en l'absence de contre-investissement, il suscite une réaction qui ne peut être qu'anarchique et catastrophique.

— *la peur* suppose l'existence d'un objet déterminé : l'objet dont on a peur est connu, le danger qu'il représente l'est aussi.

Définition simple, mais en apparence seulement, car ses limites s'imposent rapidement — ou en tout cas, dès qu'on reconnaît à quel point la peur est le plus souvent « lourde de plus que ce qu'implique la situation réelle » [33].

— *entre les deux, se trouve l'angoisse,* que son aspect intentionnel rapproche de la peur, tandis que son aspect irrationnel la lie à l'effroi.

L'aspect intentionnel de l'angoisse, c'est — mise en œuvre par le signal [34] — la préparation au danger. Mais ce danger reste indéterminé, et le problème qui se pose, c'est de savoir si le lien entre la peur et l'angoisse est un lien de « continuité » ou de « contamination ». Une analyse, qui n'est pas sans évoquer les raisons pour lesquelles une angoisse-réel « pure » est impensable, conduit à considérer que « toute peur apparemment motivée aurait en réalité un fond d'angoisse, et toute angoisse se donnerait, à plus ou moins brève échéance, le masque de la peur » [35].

L'aspect irrationnel de l'angoisse, c'est son développement, c'est-à-dire l'aspect non maîtrisé du processus, qui engendre l'incontrôlable, qui manifeste la suprématie de l'économique, et qui fait écho à l'aspect le plus original de la conception freudienne de l'angoisse : c'est de l'intérieur que l'angoisse attaque le moi.

En d'autres termes, *les deux aspects de l'angoisse renvoient au degré de structuration qu'elle implique :* alors qu'elle est plus structurée que l'effroi, elle est moins structurée que la peur.

B. Angoisse-développement / Angoisse-préparation
Angoisse automatique / Angoisse-signal
Angoisse impropre / Angoisse appropriée

En 1926, la distinction terminologique entre angoisse, effroi et peur tend à s'effacer.

---

33. *Problématiques I, op. cit.,* p. 72.

34. L'angoisse-préparation ne peut être réduite à l'angoisse-signal. Le signal d'angoisse, c'est ce qui va déclencher la préparation ; la préparation, elle, « est une sorte de pare-excitations dynamique, remplaçant la ligne matérielle du système par un rappel général des forces à la rescousse » (*ibid.,* p. 202).

35. *Ibid.,* p. 65.

Le double aspect de l'angoisse, qui fondait jusque-là la centralité de sa position sur l'axe peur/angoisse/effroi, explique comment, désormais, l'angoisse en vient quasiment à subsumer les deux autres termes, ou du moins, à absorber leur opérativité [36] :

— l'*angoisse-développement* désigne approximativement ce qui conduisait précédemment à parler d'effroi. C'est l'*angoisse automatique* : elle se déclenche sans que l'objet du danger soit connu ou déterminé, elle envahit et déborde le sujet dont les défenses n'ont pas été alertées et, par suite, mises en œuvre ;

— l'*angoisse-préparation* permet au sujet de prévoir le danger et de s'y préparer : elle est enclenchée par l'*angoisse-signal.* La nature du danger pouvant être plus ou moins identifiée, plus ou moins connue, l'angoisse-signal englobe la peur qui perd ainsi sa spécificité, puisqu'il apparaît établi qu'une réaction de peur, en apparence adaptée, est en fait le plus souvent indissociable d'une certaine angoisse ;

— quant à la différenciation entre *angoisse impropre* et *angoisse appropriée,* elle rejoint la distinction entre angoisse automatique et angoisse-signal intentionnelle.

Par ailleurs, pour rendre compte de la complexité de la conception freudienne, il faut se reposer ici la question de l'origine du danger. A ce titre, si l'angoisse-préparation répond à l'aspect objectivable du danger, si, même imparfaitement, son intentionnalité se repère par rapport à l'externe, l'angoisse-développement renvoie, elle, à l'aspect pulsionnel du danger, donc à l'interne.

Une intentionnalité de l'angoisse ?

C'est la double polarité de l'angoisse qui est à l'origine des hypothèses freudiennes sur son intentionnalité défensive : si, de toute évidence, l'angoisse automatique provient du ça, c'est le moi qui produit, en fonction de l'expérience passée, l'angoisse-signal destinée à la mise en œuvre des défenses. Cet « affect-signal » est, pour Freud, un « affect produit par le moi en réaction au danger » [37].

Autrement dit, la distinction entre l'angoisse automatique appropriée à l'origine, mais impropre par la suite, et l'angoisse produite par le moi comme « une mise en garde contre le danger », conduit Freud à attribuer au moi « la fonction de provoquer l'affect d'angoisse selon ses besoins ». Si le surgissement de l'angoisse automatique demeure dans

36. Sur ce point, cf. *ibid.,* pp. 198-199.
37. *Inhibition, symptôme et angoisse, op. cit.,* p. 50.

tous les cas involontaire, le déclenchement de l'angoisse-signal, en revanche, est provoqué par le moi lorsque menace une situation de danger, avant même qu'elle ne s'instaure, ce qui lui permet de l'éviter. En d'autres termes, le moi « se soumet » à l'angoisse « comme à une vaccination dans le but d'échapper, grâce à un accès atténué, à une attaque de la maladie dans toute sa violence » [38].

L'importance ainsi accordée au moi en 1926 n'est sans doute pas étrangère à la réévaluation dont cette instance a fait l'objet dans la deuxième topique trois ans auparavant. Elle n'est pas étrangère à la difficile question de la situation de l'affect par rapport à l'inconscient, surtout si l'on tient compte de la désignation d'une partie du moi qui échappe à la conscience [39].

Lorsque Freud affirme qu'« on est fondé à se tenir fermement à l'idée que le moi est réellement le lieu de l'angoisse » [40], il ne fait que reprendre ce qu'il a déjà énoncé, par exemple en 1923 : « le moi est bien le véritable lieu de l'angoisse » [41]. Autrement dit, c'est le moi qui perçoit l'angoisse, c'est le moi qui l'éprouve et la ressent.

Cette constatation, personne ne la conteste. En revanche, la part active qui est, en 1926, attribuée au moi dans la production de l'angoisse est plus problématique. Elle est totalement réfutée par J. Laplanche notamment, pour lequel « toute angoisse vient du ça » [42].

Pour ma part, je retiens ici que la double polarité de l'angoisse entraîne deux mécanismes différents : l'un de répétition, l'autre de remémoration.

Je retiens également l'idée d'une « remémoration sans souvenir » — formule sur laquelle je reviendrai [43] —, qui ne peut s'entendre qu'au titre d'une mémoire de l'inconscient conduisant à retrouver, dans tous les cas, la part active, primordiale et déterminante du ça dans la production d'angoisse.

Enfin, l'intérêt de ce regroupement nuancé autour du seul terme d'angoisse, dédoublé, réside principalement en ce que :

— il souligne l'oscillation potentielle de l'un à l'autre aspect ;

— il implique que l'angoisse-préparation, qui permet de se défendre contre un danger théoriquement objectivable, est également et tou-

---

38. *Ibid.*, p. 91.

39. Cf. sur ce point, l'hypothèse que j'ai proposée : « Le moi, traducteur/producteur d'angoisse », in *Psychanalyse à l'Université*, 1991, 16, 61, pp. 131-135.

40. *Inhibition, symptôme et angoisse*, *op. cit.*, p. 9.

41. « Le moi et le ça », trad. fr. in *Essais de psychanalyse*, Paris, Payot, 1981, p. 273.

42. *Problématiques I*, *op. cit.*, p. 151. Sur ce point, cf. également *ibid.*, pp. 144 et 239.

43. Voir p. 41

jours défense contre un danger beaucoup plus menaçant, le danger interne du débordement ;

— la temporalité impliquée demeure l'un des pôles de différenciation : le facteur déclenchant est présent dans le cas de l'angoisse-développement, il est à venir dans le cas de l'angoisse-préparation, même s'il est vécu comme actuel.

3. ANGOISSE, PERTE ET TEMPORALITÉ

En 1926, du fait du déplacement du contenu du danger mis en évidence précédemment, la perte de l'objet est désignée comme à l'origine de la situation de danger, et par suite, comme responsable du surgissement d'angoisse. Ce qui revient à dire que certaines pertes n'engendrent pas les affects habituels que provoque la séparation, et qui nous sont « familiers » [44], mais qu'elles engendrent de l'angoisse.

Or, si la perte de l'objet provoque soit l'angoisse, soit le deuil, « la question est celle-ci : quand cette perte conduit-elle à l'angoisse, quand conduit-elle au deuil ? » [45]. Question qui se complique d'une troisième possibilité : parfois, la perte produit « seulement » de la douleur. Et Freud reconnaît : « nous ne disposons d'aucune perspective permettant de donner une réponse à ces questions » [46].

Ce qui confère à cette interrogation son caractère essentiel — que je désigne d'ores et déjà comme l'un des aspects centraux de la modélisation que je propose — c'est qu'elle engage un renversement de perspective : en effet, si la perte déclenche différentiellement angoisse, deuil ou douleur, *c'est du côté de l'objet perdu qu'il convient de chercher les raisons de ces différences.*

Cette diversité des réactions possibles devant la perte est étudiée en 1926, principalement dans les *Addenda,* qui contiennent — en dépit de ce qu'en dit Freud — nombre d'éléments particulièrement intéressants : tout semble, en effet, se jouer en termes de « déplacement » et de *temporalité.*

1) Le premier déplacement de la réaction d'angoisse est « le point décisif » : il consiste dans le passage de la « situation de détresse » à la « situation de danger », qui est *attente* de la détresse. Ce premier déplacement est suivi d'autres déplacements : « du danger à la condition

44. Cf. *Inhibition, symptôme et angoisse, op. cit.*, p. 54.

45. *Ibid.*, p. 98. C'est du deuil comme *affect,* comparé à l'angoisse, dont Freud parle ici : il s'agit donc bien de pouvoir le penser indépendamment du *travail* de deuil.

46. *Ibid.*, p. 99.

déterminant le danger, la perte de l'objet sous les différentes formes qu'elle prend » [47]. Le « point décisif » implique donc le temps [48].

2) L'observation du nourrisson et de ses moments d'angoisse montre que « chez lui, semble-t-il, on trouve confondu ce qui sera ultérieurement séparé ». Or, c'est la prise en compte de l'*irréversibilité* qui marque la différence : dès lors qu'il distingue le « temporaire » du « durable », il est à même de distinguer l'absence et la perte [49].

3) C'est l'*actualité* du besoin qui transforme la situation de danger en situation traumatique. L'absence de la mère est « une situation traumatique si, à ce moment, il (le nourrisson) éprouve un besoin que la mère devrait satisfaire ; elle se transforme en situation de danger si ce besoin n'est pas actuel » [50].

4) Une importante transformation est liée au passage de la distinction entre perception de l'objet et existence de l'objet. Dès lors que l'objet s'est constitué en tant que tel — objet dont on peut « ressentir l'absence », objet « créé » par des « situations de satisfaction répétées » —, dès lors que l'irréversible a pénétré le fonctionnement psychique, le besoin de percevoir l'objet devient besoin d'être aimé par l'objet. La « perte de la perception de l'objet » n'est plus assimilée à la « perte de l'objet » ; c'est alors qu'intervient le danger de la « perte d'amour » [51].

---

47. *Ibid.*, p. 96.

48. Sans parler ici (j'y reviendrai) du rôle accordé à l'attente — croyante ou anxieuse — dès 1890 (Cf. « Traitement psychique », trad. fr., in *Résultats, idées, problèmes —I,* Paris, PUF, 1984, pp. 8-11) et en 1892 (Cf. « Un cas de guérison hypnotique », trad. fr. in *Résultats, idées, problèmes — I,* Paris, PUF, 1984, pp. 36-37), notons que Freud a établi en 1907 un rapport explicite entre l'angoisse, l'attente et le futur. A cette époque, le lien posé est intriqué à la culpabilité : la conscience de culpabilité dont souffre l'obsessionnel « fait surgir une angoisse d'attente toujours aux aguets, une angoisse consistant dans l'attente d'un malheur », et Freud parle plus loin de « l'angoisse qui, en tant qu'angoisse d'attente, s'empare du futur » (« Actions compulsionnelles et exercices religieux », trad. fr. in *Névrose, psychose et perversion,* Paris, PUF, 1973, pp. 138-139). Par ailleurs, en 1938, c'est la temporalité impliquée par l'angoisse qui conduit Freud à rappeler l'absence d'angoisse dans le ça (Cf. *Abrégé de psychanalyse,* trad. fr., Paris, PUF, 1967, p. 73 : « Le ça ne se soucie nullement d'assurer le lendemain et ignore l'angoisse »).

49. *Inhibition, symptôme et angoisse, op. cit.*, p. 99. Il convient, en outre, de distinguer le « durable » du « définitif » qui, seul, tient compte de l'irréversibilité caractérisant la perte.

50. *Inhibition, symptôme et angoisse, op. cit.*, p. 99.

51. *Ibid.*, p. 100. Bien que Freud n'ait pas explicitement conceptualisé le « clivage de l'objet », et bien que le terme de « mauvais objet » soit absent de ses textes, je souligne ici ce que Freud envisage, dans ce passage : « l'objet peut rester présent mais devenir mauvais pour l'enfant », *Ibid.*, p. 100.

5) Ces considérations conduisent à mettre en évidence trois déplacements :

> « la douleur est la réaction propre à la perte de l'objet, l'angoisse la réaction au danger que comporte cette perte, et, au terme d'un déplacement supplémentaire, la réaction au danger de la perte elle-même » [52].

Autrement dit, en termes de temporalité — et sans approfondir ici la question de la douleur que Freud semble d'ailleurs considérer comme à part — on peut distinguer un *danger actuel* : celui qu'implique la perte quand elle survient ; et un *danger à venir* : celui que contient la perte en elle-même, en tant que telle, et qui suppose un « déplacement supplémentaire ».

Ce déplacement supplémentaire ne serait-il pas amorcé par l'entrée en ligne de compte du danger de la perte d'amour ? En effet, bien que Freud considère que ce danger provoque lui aussi de l'angoisse, s'agit-il tout à fait de la même occurrence ? A cette question, je proposerai une réponse qui donne place à l'affect dépression comme réaction spécifique à une perte spécifique [53].

6) La distinction entre situation de danger et situation traumatique, qui inscrit le traumatique du côté de la détresse *déjà vécue* — qu'elle soit « matérielle » ou « psychique » — fait apparaître la temporalisation comme donnant possibilité de court-circuiter le risque que comporte le danger de devenir traumatique. L'importance de cette idée exige de restituer le texte exact afin de prendre la mesure des inscriptions multiples de la temporalité :

> « Un progrès important dans l'auto-protection individuelle est accompli lorsque l'individu *prévoit* une telle situation traumatique et *s'y attend,* au lieu d'*attendre passivement* sa survenue. Appelons la situation qui comporte la condition d'une telle *attente* situation de danger ; c'est dans cette situation qu'est donné le signal d'angoisse. Ce dernier signifie : *je m'attends* à ce qu'une situation de détresse survienne, ou bien, la situation *présente* me *rappelle* un des événements traumatiques que j'ai vécus *autrefois.* C'est pourquoi *j'anticipe* ce traumatisme, je vais me conduire *comme s'il était déjà là,* tant qu'il est *encore temps* de l'écarter. L'angoisse est donc d'une part *attente* du traumatisme, d'autre part, *répétition* atténuée de celui-ci » [54].

---

52. *Ibid.*, p. 100.
53. Voir pp. 55-63.
54. *Inhibition, symptôme et angoisse, op. cit.*, pp. 95-96 (mots soulignés par moi). Les pages qui suivent appellent une référence à certains travaux que j'ai publiés sur la question de la mort et du temps. J'ai proposé de discerner des « moments paradigmatiques » du processus de temporalisation subjective : 1) la *temporisation,* dont le « modèle » serait l'abandon de la satisfaction hallucinatoire. Elle ouvre la possibilité de différer, de remettre la réalisation du plaisir à un « plus tard » qui préfigure l'idée d'une succession. Introduisant l'attente, et par suite la dimension du futur, elle inaugure la temporalisation.

L'attente, qui inaugure et implique la temporalité, se trouve précisément au fondement de ce qui constitue la fonctionnalité de l'angoisse, que ce soit de l'angoisse-préparation ou de l'angoisse-signal. En d'autres termes, l'attente qui permet de se préparer au danger, est engagée par le signal d'angoisse, lui-même déclenché au titre de l'expérience passée, pour indiquer que la situation présente ou à venir est dangereuse.

La mémoire de la détresse — et il s'agit bien là de mémoire et non de souvenir — déchronologise doublement le danger :

— par l'attente, elle l'anticipe : alors qu'il se situe dans le futur, elle le vit dans le présent, comme s'il était actuel, et nécessairement sur le modèle de celui qu'elle connaît déjà ;

— par la répétition, elle le remet en scène : alors qu'elle l'a vécu dans le passé, elle le reconduit dans le présent, elle l'éprouve, là encore comme s'il était actuel.

En actualisant un danger passé mais vécu comme futur, l'angoisse tente en outre de déterminer son objet, de le rendre présent. Autrement dit, au moyen de ce qui apparaît comme une sorte de manipulation de la temporalité, comme une déchronologisation jouant à la fois de l'attente et de l'actualisation, l'angoisse neutralise le traumatique du danger — puisque, nous l'avons vu, c'est l'actualité du besoin qui transforme une situation de danger en situation traumatique.

Et, si l'on garde présents à l'esprit les rapports entre l'effroi et le traumatisme, cette proposition potentialise la distinction entre l'angoisse et l'effroi, notamment l'idée que l'angoisse permet de se défendre contre l'effroi.

En un mot, je dirai qu'une situation impensable de détresse immaîtrisable a engendré une angoisse tout aussi immaîtrisable, à jamais inscrite

2) l'*anticipation,* dont le modèle serait le jeu du Fort-Da. La réitération de la séquence disparition/réapparition de la mère finit par donner à l'enfant le savoir que le départ, tout comme le retour, vont se renouveler. Dès lors qu'il sait « d'avant », il prend le savoir de l'à-venir dans un savoir du passé : il anticipe. Mais s'il peut vivre d'avance ce qui n'est pas encore arrivé, il ne peut le vivre que sur le modèle de ce qu'il a déjà vécu. L'anticipation est donc une répétition, et bien qu'elle engage l'avenir — ce qui la distingue de la répétition à l'œuvre dans la satisfaction hallucinatoire — elle est sous-tendue par le passé. 3) la *prévision,* dont le modèle serait le stade du miroir. Dès lors que l'enfant peut « voir par avance » une situation future dont il n'a aucun savoir préalable et donc aucun modèle en lui, il prévoit. Imaginer sans savoir et sans croire inscrit l'expression du désir sur la toile de fond de l'incertitude, dans un temps vectorisé et donc irréversible. Ce qui conduira l'individu à assumer que le devenir se tisse dans l'imprévisibilité du moment de la mort. 4) l'élaboration du *projet* temporel apparaît alors comme une défense, et plus précisément comme un déni de l'immanente potentialité de la mort (cf. notamment deux articles dans lesquels j'ai développé ces points : « Le projet, symptôme de la normalité ? », in *Psychanalyse à l'Université,* 1988, 13, 50, pp. 261-279 ; et « Temps du savoir et temps de l'incertitude », in *Psychanalyse à l'Université,* 1990, 15, 60, pp. 139-153).

dans une mémoire toujours prête à s'éveiller. Toute situation qui réveille la mémoire de la détresse est synonyme de danger ; la survie — l'auto-conservation peut-être — consistent dès lors à répéter, à anticiper pour atténuer, c'est-à-dire, aussitôt le signal donné, à se préparer au danger pour éviter le traumatisme.

Et ici prend sens la formule que j'ai proposée pour évoquer cet aspect de la mémoire de l'inconscient : c'est bien d'une « remémoration sans souvenir »[55] dont il s'agit, creuset d'une manipulation temporelle, d'un « aménagement » du temps qui permet un « arrangement » avec le danger.

55. Cette formule m'a été suggérée par la lecture de l'article de 1914 (« Remémoration, répétition, perlaboration », trad. fr. in *La technique psychanalytique,* Paris, PUF, 1970, pp. 105-115) dans lequel Freud distingue la remémoration de la répétition notamment par l'absence de souvenir que l'on constate dans cette dernière : « Le patient *n'a aucun souvenir* de ce qu'il a oublié et refoulé et ne fait que le *traduire en actes.* Ce n'est pas sous forme de souvenir que le fait oublié reparaît, mais sous forme d'action. Le malade *répète* évidemment cet acte sans savoir qu'il s'agit d'une répétition » (p. 108) ; et il ajoute : « on finit par comprendre que c'est là sa manière de se souvenir » (p. 109). Cette idée est reprise en 1920, dans une phrase qui souligne la dé-chronologisation mise en œuvre par la répétition : le malade est « obligé de *répéter* le refoulé comme expérience vécue dans le présent au lieu de se le *remémorer* comme un fragment du passé » (« Au-delà du principe de plaisir », *op. cit.,* pp. 57-58). Il est bien évident que la détresse qui fait l'objet d'une « remémoration sans souvenir », laquelle se traduit par la répétition/anticipation, ne correspond en aucun cas à une expérience dont le sujet pourrait être amené à « se souvenir ». Et c'est précisément cette impossibilité que sous-entend la formule proposée.

III

Mise à l'épreuve du modèle

La construction de propositions relatives à la dépression au regard du modèle choisi — la perte est à la dépression ce que le danger est à l'angoisse — aboutit à la désignation d'une spécificité de la dépression : la dépression comme réponse spécifique à la perte.

Mais la modélisation danger/perte se heurte d'emblée à une difficulté : le passage cité du texte de 1926, où Freud indique que le danger qui déclenche l'angoisse, c'est le danger de la perte.

Cette difficulté implique donc d'affiner la formulation précédente, en désignant *la dépression comme réponse spécifique à une perte spécifique* — ce qui revient à déterminer, *a minima,* une double spécificité.

Cette double spécificité ne saurait s'abstraire des aspects constitutifs de la deuxième théorie de l'angoisse, posée comme modèle. Autrement dit, elle va se dessiner autour de deux hypothèses :

— la spécificité de la *réponse* dépressive est *économique* ;

— la spécificité de la *perte* qui engendre la réponse dépressive est *historique.*

Une fois argumentée la spécificité économique et historique de la réponse dépressive, il s'agira de lui reconnaître une spécificité fonctionnelle, ce qui nécessitera, bien entendu, la prise en compte des incidences de la temporalité.

1. L'AXE ÉCONOMIQUE/HISTORIQUE : LA CAUSALITÉ

Intérêt et limites d'une distinction entre dépression-réel et dépression névrotique pulsionnelle

L'évidence selon laquelle chacun a éprouvé « la dépression » au cours de sa vie serait de peu d'intérêt si elle ne signifiait, de fait, que cet affect est comparable à « l'angoisse » : ici aussi, c'est bien l'intensité, la durée ou la fréquence du phénomène qui marquent son caractère pathologique.

Mais, comme pour l'angoisse, l'important reste de savoir si la réaction de dépression présente, en certaines occasions, l'apparence d'une réaction rationnelle, c'est-à-dire si elle manifeste parfois une adéquation entre une cause repérable et la réponse donnée, et si cette apparence de rationalité n'est pas soumise aux mêmes limites que dans le cas de l'angoisse.

L'idée d'une double polarité de la dépression n'est pas absente des textes de Freud. Au contraire, il semble même s'agir d'une intuition des débuts, d'une sorte de donné, mais qui n'aurait jamais trouvé sa formulation élaborée. En effet :

— en 1893, Freud utilise le « rapport, *en apparence rationnel,* avec quelque traumatisme psychique » pour différencier la dépression périodique et la mélancolie » [1].

— en 1894, se soumettant aux injonctions de son ami Fliess, Freud tente de renoncer au tabac. Mais au bout de quelque temps, cette privation s'accompagne de troubles qu'il identifie lui-même comme dépressifs, ou plus précisément, comme troubles de l'humeur. Et il se plaint : « quelle tristesse pour un médecin qui consacre toutes les heures de la journée à l'étude des névroses d'ignorer s'il est lui-même atteint de *dépression raisonnablement motivée* ou bien hypocondriaque » [2].

Autrement dit, puisqu'il existe une sorte de réaction dépressive que sa cause repérable et objective permet de considérer comme réponse rationnelle à la situation, on se trouve devant la même polarité que celle qui est au centre de la deuxième théorie de l'angoisse.

Cette constatation redouble l'intérêt et la légitimité d'une modélisation construite point par point sur les élaborations relatives à l'angoisse :

---

1. « Manuscrit B », du 8.2.1893, in *Naissance de la psychanalyse, op. cit.*, p. 65 (mots soulignés par moi).

2. Lettre à Fliess n° 17 du 19.4.1894, in *Naissance de la psychanalyse, op. cit.*, p. 75 (mots soulignés par moi).

a) On peut faire une distinction entre dépression-réel et dépression névrotique, la première apparaissant « comme quelque chose de très rationnel et compréhensible » ; mais il ne s'agit, là aussi, que d'apparence, et cette distinction se heurte à sa limite : la perte objective fait nécessairement écho à une autre perte, car le simple fait d'être soumis à une perte ne saurait à lui seul expliquer un symptôme névrotique. Et si la dépression-réel suppose qu'on peut identifier la perte, c'est sur la nature de la perte à l'origine de la dépression névrotique qu'il faut s'interroger.
b) La dépression névrotique est une dépression pulsionnelle, une dépression « en rapport avec la pulsion ». C'est l'origine de la perte, et non pas son degré de réalité objective, qui différencie dépression-réel et dépression névrotique : dans la première, la perte est repérable, elle est perte d'un objet extérieur ; dans la seconde, la perte correspond à une perte libidinale ; — ceci, sans perdre de vue que, si les sources sont apparemment distinctes, la réaction est identique, ce qui renvoie à l'intrication des mécanismes en jeu désignée pour l'angoisse.
c) La dépression-réel se mêle à la dépression névrotique : même si l'élément névrotique paraît, au premier abord, résider dans l'excès, dans le surplus, c'est-à-dire lorsque la réaction dépressive paraît disproportionnée par rapport à sa cause repérable, la réponse adéquate ne devrait en aucun cas excéder le signal, et tout ce qui le dépasse, tout développement de dépression dépasse son objectif, et manifeste l'irrationnel.
d) La dépression-réel, comme toute dépression, a un aspect pathologique sous sa forme de développement. Dès qu'elle se développe, elle est sous-tendue par une dépression névrotique. Autrement dit, il ne peut y avoir de dépression-réel « pure », qui aurait le « privilège » d'une certaine rationalité. La dépression-réel ne saurait être radicalement dissociée de la dépression névrotique, puisque celle-ci met en jeu le pulsionnel.

Spécificité économique de la réponse dépressive : l'anéantissement

En 1926, « tout s'ordonne » pour l'angoisse lorsque Freud désigne le « noyau » du danger en termes de « perturbation économique consécutive à l'accroissement des quantités d'excitation ».

Si toute dépression-réel est sous-tendue par une dépression pulsionnelle, on est en droit de supposer que la mise au jour de l'aspect économique du mécanisme dépressif aura le même pouvoir de dévoilement, et permettra surtout de spécifier le surgissement de dépression par rapport au surgissement d'angoisse.

On ne saurait oublier qu'avant de parvenir à cette formulation éclairante, Freud s'était déjà interrogé sur la nature du danger à l'origine de l'angoisse. En 1923 notamment, il formule à ce propos une question qu'il laisse sans réponse, et qu'il ne reposera jamais par la suite sous cette forme :

> « Ce que le moi redoute du danger extérieur et du danger libidinal dans le ça, on ne saurait le préciser ; nous savons que c'est le débordement *ou* l'anéantissement, mais on ne peut le concevoir analytiquement » [3].

Cette question recèle, me semble-t-il, une possibilité de spécifier la perturbation économique à l'œuvre dans la dépression, différentiellement de la perturbation économique à l'œuvre dans l'angoisse : *dans l'angoisse, la perturbation provient du débordement, dans la dépression, de l'anéantissement.*

Si la mémoire de la première perte, réveillée par chaque nouvelle situation de perte, engendre un anéantissement similaire à celui qui a été consécutif à cette première perte, on peut concevoir que cet anéantissement crée une situation de besoin où l'excitation atteint un niveau déplaisant, mais comme *par défaut.*

Pour concevoir ce mécanisme, il faut se reporter à l'analyse de J. Laplanche, lorsqu'il engage une distinction heuristique entre la constance et le zéro [4]. Critiquant le modèle décrit dans *Au-delà du principe de plaisir,* et ce qu'il appelle « la loi du système », il réfute l'équivalence induite par Freud qui, selon lui, « énonce d'une seule voix deux choses fort différentes : maintenir la quantité d'excitation “aussi bas que possible” (donc la ramener au zéro) ou “du moins la maintenir constante”, ce qui évidemment peut passer pour un pis-aller, mais est en réalité fort différent ». Et il propose de « dédoubler le principe de constance en deux principes : d'une part un *principe du zéro* (ou encore principe de *Nirvâna*) et, d'autre part un *principe de constance proprement dit* ou (pour éviter le terme de constance) de *niveau* ». Pour illustrer son argumentation, il trace le schéma suivant :

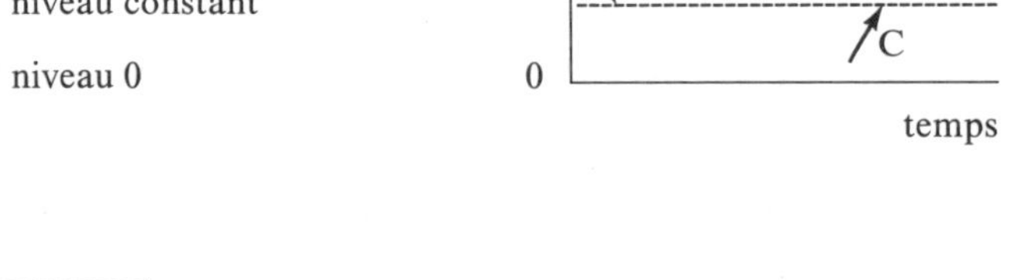

3. « Le moi et le ça », *op. cit.,* p. 273 (mot souligné par moi).
4. *Problématiques I, op.cit.,* pp. 205-206.

Au regard de ce schéma, la spécification de la dépression que je propose consiste à dire que *la liquidation de l'angoisse suit le trajet de la flèche A, tandis que celle de la dépression suit le trajet de la flèche C.* Autrement dit, le mouvement « anti-dépression » part du zéro (de l'anéantissement) pour rejoindre le « niveau ».

Dans cette perspective, la dépression correspond bien à une situation de besoin, excessif et intolérable, à une perturbation économique spécifique de la perte.

Mais si, dans l'angoisse, le rapport à la perte est un rapport de déplacement (du danger à sa cause), dans la dépression, le rapport à la perte — condition déterminante — est un rapport constituant.

Aussi, à rechercher ce que devient l'acheminement vers la symbolisation que met en œuvre le déplacement désigné pour l'angoisse, on se trouve devant une formulation dont l'opérativité sera transversale à la suite de ce travail : la perte apparaît comme nécessaire pour symboliser une hémorragie innommable, aussi primordiale que le débordement qui suscite l'angoisse.

Enfin, pour ce qui concerne la possibilité de penser une « généalogie » des situations de dépression, le modèle de l'angoisse est fécond : à chaque époque de la vie correspond une perte d'amour spécifique : ce qui n'est pas à démontrer ; quant à la potentialité d'une persistance ou d'une réapparition anachronique de ces situations, c'est un constat trop évident pour appeler argumentation.

Reste à désigner la première perte susceptible d'engendrer cette expérience d'anéantissement.

Spécificité historique de la réponse dépressive : une expérience première de dépression

La dépression est apparue, à l'origine, en réaction à une situation de perte, et depuis, elle est reproduite à chaque fois qu'une telle situation se présente.

Mais désigner une expérience première de dépression, en réponse à une perte inaugurale, complique la notion de perte tout autant que la désignation d'une expérience première d'angoisse compliquait la notion de danger.

L'hypothèse que je propose consiste à dire que *l'expérience prototype de dépression concerne la perte d'un état, et non la perte d'un objet.* C'est pourquoi seule l'idée d'anéantissement, comme spécifiant le surgissement de dépression, permet après-coup de mener à bien cette recherche « historique ».

La conceptualisation freudienne fait ici défaut, et le recours à certaines élaborations kleiniennes est indispensable, en soulignant toutefois qu'une part importante de celles-ci est implicitement présente aux *Addenda* de 1926, et notamment :

— la possibilité pour l'objet « présent » de « devenir mauvais » pour l'enfant ;

— l'évolution et le déplacement que suppose l'apparition du danger de la perte d'amour, qui vient comme relayer le danger de la perte d'objet ;

— la réaction dite, dans les deux cas, d'angoisse, et qui pourtant n'est absolument pas identique : dans le premier cas, « réaction au danger que comporte (la) perte », dans le second, « réaction au danger de la perte de l'objet elle-même ».

Ceci dit, au regard de la question d'une perte inaugurale, les écarts de la théorisation kleinienne par rapport à la théorie freudienne ouvrent une perspective tout à fait heuristique : si l'on considère que le « deuil originaire » dont parle M. Klein concerne la perte d'un état, et non la perte d'un objet, il devient possible de concevoir une expérience prototype de perte sur le modèle de laquelle seront par la suite vécues les expériences de perte déclenchant une réponse dépressive. Ce qui appelle une double argumentation destinée à montrer :

1) Comment M. Klein introduit des équivalences implicites entre des termes qui, pour le moins, ne sont pas d'évidence superposables.

2) Comment la théorisation kleinienne implique une « dérivation » de certains concepts freudiens.

Prendre la mesure des incidences de cette argumentation permettra de caractériser la perte qui engendre une réponse dépressive.

A. *Les équivalences kleiniennes*

Pour M. Klein, le deuil que connaît l'adulte, lorsqu'il perd un objet aimé, correspond à une situation que le nouveau-né expérimente nécessairement au cours des premiers mois de sa vie — la perte de son premier objet d'amour, la perte de son premier « bon » objet [5] ; quant à l'évolution du deuil de l'adulte, et à son issue, normale ou pathologique, elles sont déterminées par la façon dont le nouveau-né a vécu et surmonté, ou non, cette première perte, par la façon dont le nouveau-né a élaboré, ou non, sa « position dépressive ».

Autrement dit, le travail du deuil de l'adulte est une tâche qu'il a déjà dû effectuer au cours de son enfance : il va, pour l'accomplir, utili-

5. L'opposition kleinienne entre « bon » et « mauvais » peut se résumer ici en ce que l'objet bon est celui qui gratifie et apaise, tandis que l'objet mauvais est celui qui frustre et excite.

ser des méthodes semblables, par leur nature et leur efficacité, à celles qu'il avait alors utilisées. En ce sens, chaque nouvelle perte vient réactiver les mécanismes primitifs qui avaient été mis en œuvre par le deuil consécutif à la première perte.

C'est ainsi que peuvent se résumer quelques affirmations, afférentes au deuil, qui traversent l'œuvre kleinienne.

Cette théorisation kleinienne du deuil se sous-tend de plusieurs équivalences implicites, et dans un rapport d'articulation intrinsèque, entre des termes dont la superposition ne s'effectue qu'au prix de glissements de sens successifs :

a) La séparation comme équivalent de la perte,

b) La perte comme équivalent de la mort,

c) La mort comme équivalent de l'anéantissement.

L'intérêt de la mise au jour de ces équivalences successives consiste à créer une quatrième équivalence, opératoire pour la problématique dépressive : *la séparation comme équivalent de l'anéantissement* [6].

a) *La séparation comme équivalent de la perte*

« Juste avant, pendant et après le sevrage » [7], le moi commence à effectuer la synthèse entre ses sentiments d'amour et ses pulsions destructrices à l'égard d'un même objet ; l'angoisse dépressive surgit alors, qui signifie que le moi est en train d'accéder à la position dépressive. A partir de ce moment, le nouveau-né, lorsqu'il est momentanément séparé de son objet d'amour, connaît et éprouve le sentiment d'une « perte de l'objet d'amour ».

Si je reste délibérément imprécise, dans ma formulation, quant à la nature de cet objet : objet partiel (le sein ou le biberon), ou objet total (la mère), c'est parce que ce point — bien qu'il n'en modifie pas l'idée centrale — est à relever, non pas comme une variation, mais comme une oscillation de la pensée de M. Klein, un va-et-vient continuel entre deux considérations présentes dès le début de l'œuvre et jusqu'à la fin. Faut-il, ou non, que le nouveau-né soit en mesure d'appréhender l'objet d'amour comme objet total pour parler de perte, et par suite, de deuil ? Ou bien, peut-on parler de perte dès lors que le nouveau-né est en relation avec un objet partiel bon, c'est-à-dire quasiment dès le moment de la naissance ?

6. Le détail de cette argumentation a fait l'objet de mon article : « Un deuil à jamais inachevé », in *Cliniques méditerranéennes,* 1987, n° 15-16, pp. 75-96.

7. Klein M., « Le deuil et ses rapports avec les états maniaco-dépressifs », trad. fr., in *Essais de psychanalyse,* Paris, Payot, 1968, p. 342. M. Klein a peu varié sur le moment d'apparition de cette synthèse.

Cette question, à ma connaissance, M. Klein ne l'a jamais tranchée [8].

L'examen des conditions d'émergence de l'angoisse dépressive laisse penser que l'impossibilité de trancher est liée au fait qu'il s'agit d'un processus, et non d'un événement : l'angoisse dépressive ne surgit pas, repérable comme telle, dans l'instant, mais dans une durée, déterminée par la complexité et la diversité des mécanismes en jeu dans l'élaboration de la position dépressive (rapprochement des aspects bons et mauvais de l'objet, rapprochement de l'amour et de la haine, introjection progressive de la mère comme objet total, etc.). Autrement dit, la linéarité, reconstruite *a posteriori,* du développement — même dans une idéalité fictive — correspond en fait à une inévitable alternance entre moments de progression, moments de régression, et même, moments de fixation.

Cette lecture s'étaye sur deux constatations :
— le choix, et l'explication qu'en donne M. Klein, du terme de « position » pour qualifier l'étape dont elle parle [9], ainsi que le rappel incessant de l'impossibilité de considérer une position comme définitivement conquise et élaborée, et par suite, de l'éventualité toujours actuelle de nécessaires re-élaborations des positions précoces, engagées à la fois par l'intervention imprévisible de facteurs externes déclenchants, tout au long de la vie, et par la lutte intarissable entre les pulsions de vie et les pulsions de mort ;
— le souci de M. Klein, explicite jusqu'à la fin de son œuvre, de faire remonter toujours plus loin, commencer toujours plus tôt, le début de la position dépressive, tout en maintenant qu'elle constitue un progrès, une évolution par rapport à la position schizo-paranoïde, c'est-à-dire tout en maintenant une antériorité de cette dernière.

Ces hésitations, et ces apparentes contradictions, indiquent l'intuition qu'avait M. Klein du caractère quelque peu abusif de cette équivalence entre séparation et perte — équivalence qui la conduit à utiliser le terme de deuil pour rendre compte de l'expérience du nourrisson.

D'ailleurs, dans le texte qu'elle a consacré au deuil, elle montre qu'elle a conscience de ce qu'elle désigne comme une « différence » entre le deuil et la position dépressive précoce : la souffrance que le bébé éprouve lorsqu'il perd le sein ou le biberon, il l'éprouve « même si sa

---

8. N'est-ce pas d'ailleurs une question d'un intérêt second, si ce n'est une fausse question ? Qui, en effet, pourrait croire entretenir une relation avec des objets autres que partiels, même dans les échanges les plus élaborés de l'âge adulte ?

9. Cf. Klein M., « Quelques conclusions théoriques au sujet de la vie émotionnelle des bébés », trad. fr. in *Développements de la psychanalyse,* Paris, PUF, 1966, p. 222, note.

mère est auprès de lui » ; et ce, contrairement à l'adulte chez qui « la souffrance est éveillée par la perte réelle d'une personne réelle » [10].

Cette « différence » est essentielle quand on la réfère à la temporalité : alors que la séparation contient la potentialité, ou tout au moins l'éventualité du retour, la perte implique le « ne plus », le définitif. Autrement dit, pour être vécue comme telle, l'expérience de la perte suppose nécessairement la notion d'irréversibilité. Cette mise en question de l'équivalence entre le deuil de l'adulte et l'expérience du nourrisson ne saurait pourtant faire oublier que la comparaison de ces deux états est fondamentalement opératoire, tant pour la connaissance du développement psychique que pour la compréhension de ses perturbations.

b) *La perte comme équivalent de la mort*

Dans la mesure où la dimension temporelle de la perte n'est pas prise en considération, l'équivalence entre perte et mort est peu problématique. Elle s'impose même comme conséquence logique : pour le nourrisson, l'absence de la mère équivaut à la mort de l'objet.

Il convient néanmoins d'introduire ici une précision : ce qui importe à l'enfant, c'est la conservation du « bon » objet. Or, la perte de ce bon objet peut avoir deux causes différentes, qui aboutissent toutefois au même résultat : l'objet peut être perdu parce qu'il ne revient pas, mais il est également perdu lorsqu'il revient sous la forme de « mauvais » objet.

Bien que M. Klein donne cette équivalence entre perte et mort pour évidente, il est difficile de ne pas interroger sa légitimité au regard de l'acquisition de la notion de « mort », au regard, non pas bien entendu de la signification de l'événement, mais de sa nature. Or, s'il est certain que cette acquisition est nécessairement liée aux circonstances singulières de la vie, il est tout aussi certain que les deux paramètres qui déterminent le savoir concernant la mort — son irréversibilité et son inéluctabilité — sont totalement étrangers non seulement à la vie du nourrisson, mais même au psychisme du petit enfant.

De cela, M. Klein ne tient apparemment pas compte : l'équivalence s'inscrit quasiment dans chacun de ses textes, au point que les effets spécifiques de la réalité matérielle et de la réalité psychique en devien-

10. « Le deuil et ses rapports avec les états maniaco-dépressifs », *op. cit,* p. 360. Le début de l'article démontre à quel point la nuance que met en évidence la comparaison n'intéresse que peu M. Klein ; si, dans les premiers paragraphes, elle affirme : « Ce que je prétends, c'est que l'enfant passe par des états *comparables* au deuil de l'adulte » (mot souligné par moi), elle abolit immédiatement la nuance posée : « ou plutôt que ce deuil précoce est revécu chaque fois que, plus tard, un chagrin est éprouvé » (*ibid.,* p. 342).

nent en quelque sorte réciproques, et même semblables en leur mécanisme [11].

Tout se passe comme si l'interaction permanente entre le monde extérieur et le monde intérieur ne se contentait pas de renvoyer métaphoriquement une expérience à son équivalent fantasmatique, mais supprimait l'écart du « transport », en faisant coïncider les deux expériences [12].

c) *La mort comme équivalent de l'anéantissement*

La remarque précédente trouve confirmation et explication dans la troisième équivalence contenue dans la théorisation kleinienne du deuil. La nécessité quasiment interne des deux premières équivalences s'éclaire ainsi, mais dans un court-circuit qui octroie l'absolue priorité, et même la seule réalité, à l'expérience psychique.

En effet, si les textes donnent comme comparables, et parfois comme synonymes [13], les termes de mort et d'anéantissement, nulle part n'est explicitée la distinction qui pourrait fonder ce rapprochement, à savoir : la mort (perte-séparation) de l'autre équivaut à l'anéantissement de soi.

Pourtant, dans la perspective kleinienne, l'autre, l'objet, semble parfois réduit à sa seule dimension d'objet interne [14] — de telle sorte que sa mort a pour conséquence la mort du moi : dans la mesure où le « bon » objet constitue même le « noyau du moi », sa mort signe nécessairement l'anéantissement du moi.

Cette équivalence trouve sans doute son origine dans l'assimilation qu'opère M. Klein entre « angoisse primaire » et « menace qui provient de la pulsion de mort », parfois même entre « angoisse primaire » et

---

11. Par exemple : « Je voudrais attirer une attention particulière sur le fait que la peur de perdre le "bon" objet intériorisé devient une source de perpétuelle angoisse devant la mort possible de la mère réelle. D'autre part, toute expérience qui fait penser à la perte de l'objet aimé réel soulève la peur de perdre aussi l'objet intériorisé. » « Contribution à la psychogenèse des états maniaco-dépressifs », trad. fr., in *Essais de psychanalyse,* Paris, Payot, 1968, p. 316.

12. Ce qui conduit même M. Klein à dire que « toute douleur provoquée par une expérience malheureuse a quelque chose de commun avec le deuil, quelle que soit la nature de cette expérience... Le fait d'affronter et de surmonter l'adversité, quelle qu'elle soit, entraîne un travail mental semblable à celui du deuil ». « Le deuil et ses rapports avec les états maniaco-dépressifs », *op. cit.,* p. 359.

13. Dans certaines phrases de la traduction française, le mot « anéantissement » est même suivi, entre parenthèses, du mot « mort » (Cf. par exemple : « Notes sur quelques mécanismes schizoïdes », trad. fr. in *Développements de la psychanalyse,* Paris, PUF, 1966, p. 278).

14. Il est à la fois paradoxal et intéressant de repenser en ce sens les nombreuses notations de M. Klein sur le rôle vital, sur l'importance primordiale des facteurs externes, c'est-à-dire de l'élément de réalité matérielle, et également sur l'impact des prédispositions constitutionnelles.

« peur de la mort » [15]. Ce qui correspond, en un sens, à une réification de la pulsion, puisque M. Klein considère les « figures internes cruelles et dangereuses » comme des « représentants de la pulsion de mort », et trouve « dans l'inconscient une peur de l'anéantissement de la vie » comme « réponse » à la pulsion de mort [16].

Ici se dessine la possibilité d'une nuance opératoire entre mort et anéantissement : distinguer la destruction venant de l'extérieur et celle venant de l'intérieur, autrement dit, la mort comme destruction matérielle et l'anéantissement comme destruction psychique — sans perdre de vue l'intrication des deux, et les effets de résonance de l'une sur l'autre.

En résumé, si les trois équivalences : séparation/perte, perte/mort, mort/anéantissement, sont, ainsi posées, individuellement discutables, en revanche, elles ouvrent une perspective féconde lorsque sont court-circuités les intermédiaires, c'est-à-dire lorsqu'apparaît une quatrième équivalence : *l'équivalence séparation/anéantissement.* Cette équivalence reflète ce qu'elle cherche à désigner : avant d'appréhender ce qu'il en est de l'autre mort réellement, l'enfant vit nécessairement des situations où il ressent *l'autre-comme-mort,* c'est-à-dire l'autre dont il est séparé ; et c'est cette expérience de l'autre-comme-mort qui provoque une expérience, non pas de mort de soi, mais de *soi-comme-mort,* une expérience que l'on peut qualifier d'anéantissement.

En d'autres termes, la théorisation kleinienne permet, au titre d'une première extension du concept de deuil, de dire qu'*être séparé de l'objet aimé engendre l'expérience de l'anéantissement de soi.*

C'est à ce point précis qu'émerge, dans son évidence, la dérivation kleinienne qui donne fondement à cette extension du concept de deuil : la dérivation du concept de « moi ».

B. La dérivation kleinienne

Pour M. Klein, le moi existe « dès le début de la vie néo-natale », même si c'est « sous une forme rudimentaire et peu cohérente », et, de

15. Cf. « Sur le développement du fonctionnement psychique », trad. fr. in *Psychanalyse à l'Université,* 1981, 7, 25, p. 7 ; et « Sur les critères de fin d'analyse », trad. fr. in *Psychanalyse à l'Université,* 1982, 8, 29, p. 6.

16. Cf. « Sur la théorie de l'angoisse et de la culpabilité », trad. fr. in *Développements de la psychanalyse,* Paris, PUF, 1966, pp. 259-260.

toute façon, « à un stade très ancien, il remplit déjà nombre de fonctions importantes » [17].

Cette idée est au centre de la théorie kleinienne. A elle seule, elle suppose déjà une mutation du concept freudien de « moi ». Elle implique en outre diverses conséquences, et notamment « l'hypothèse que les premières expériences qu'a le bébé de l'allaitement et de la présence de sa mère sont le commencement de sa relation d'objet avec elle » [18].

Tout se passe comme si l'existence d'un moi, dès le tout début de la vie, découlait d'un rapport de causalité réciproque entre sa fonction essentielle et l'origine de l'angoisse primordiale.

En effet, pour M. Klein, toute la vie psychique est fondée sur la lutte, sur le conflit — dont l'acuité latente se manifeste à chaque crise — entre pulsion de vie et pulsion de mort. Ce conflit commence avec la vie, il est inhérent à la vie. Son issue dépend de la prévalence de l'une des deux pulsions par rapport à l'autre, dans leur interaction continuelle, dans leur « jeu combiné ». Ce qui détermine cette prévalence, c'est — de façon toutefois nuancée — une prédisposition constitutionnelle : la force propre d'un moi particulier est innée.

L'émergence de l'angoisse, à laquelle contribue l'expérience de la naissance, est la première conséquence du conflit entre les pulsions : de ce fait, et compte tenu de ce qui précède, le surgissement de l'angoisse est concomitant de l'entrée dans la vie.

Or, « la fonction première et prédominante du moi est d'affronter l'angoisse » [19], de mettre en œuvre, au fur et à mesure, les mécanismes spécifiques, les défenses qui seront capables de l'administrer.

De telle sorte qu'on peut parler d'un syllogisme kleinien : puisque l'angoisse existe dès la naissance, et puisque la fonction du moi est de la gérer, par voie de conséquence, le moi doit exister lui aussi dès la naissance.

A partir de là, on comprend que ce moi remplisse très exactement les fonctions que Freud, lui, attribue à l'organisme [20].

L'intérêt de cette proposition consiste dans son articulation aux équivalences précédemment mises au jour. Puisqu'à chaque séparation d'avec son « bon » objet, l'enfant doit surmonter un état d'anéantissement comparable au deuil que connaît l'adulte après la perte d'un objet d'amour, il est indispensable qu'il ait à sa disposition divers moyens

---

17. « Envie et gratitude », trad. fr. in *Envie et gratitude,* Paris, Gallimard, 1968, p. 32.

18. « Quelques conclusions théoriques au sujet de la vie émotionnelle des bébés », *op. cit.*, p. 188.

19. « Envie et gratitude », *op. cit.*, p. 66.

20. M. Klein est consciente de cette dérivation : « Freud ne croyait pas que le moi existât d'emblée, mais il attribuait à l'organisme une fonction qui, à mon avis, ne peut être tenue que par le moi ». *Ibid.*, p. 32.

efficaces. Or, selon M. Klein, le plus important des moyens « grâce auxquels l'enfant surmonte ses états de deuil », c'est « l'épreuve de réalité »[21].

Il est donc clair que M. Klein utilise le concept d'épreuve de réalité au sens où Freud l'entendait en 1895 — un mode de fonctionnement interne de l'appareil psychique —, et non pas comme « l'une des grandes *institutions du moi* », tel qu'il le définit en 1915[22].

« Moi » et « épreuve de réalité » apparaissent ainsi comme deux concepts auxquels la théorisation kleinienne fait subir, par rapport au deuil notamment, des modifications qui argumentent l'idée d'une « dérivation », et conduisent à reposer la question du contenu de la perte.

C. De quelle perte s'agit-il ?

Ces divers éléments permettent de dire que la perte dont parle M. Klein, cette perte qui provoque le deuil chez le nourrisson, ou tout du moins un état comparable au deuil de l'adulte, concerne *non pas la perte d'un objet, mais la perte d'un état* : l'état pré-natal, qui est effectivement perdu puisque son retour est impossible — formulation certes évocatrice, mais dont l'inadéquation à l'expérience du nourrisson est manifeste.

Quelle que soit la théorisation, l'état pré-natal fait figure d'état idéal irremplaçable ; les besoins y sont satisfaits dans une telle instantanéité qu'on est tenté de dire : avant même qu'ils n'engendrent un quelconque sentiment de déplaisir. C'est en ce sens qu'« aucune situation d'allaitement, pour heureuse qu'elle soit, ne saurait remplacer intégralement l'unité pré-natale avec la mère »[23]. L'enfant vient donc au monde en ne connaissant qu'un état tellement parfait qu'il « contribue sans doute au sentiment inné... qu'il existe, extérieur à lui, quelque chose qui est capable de combler tous ses besoins et tous ses désirs »[24].

Mais certaines notations de M. Klein sont encore plus précises et probantes :

— elle indique clairement que l'expérience de la naissance suscite des « sentiments de perte », et que « la proximité physique de la mère pendans l'allaitement... aide constamment (l'enfant) à surmonter son regret

---

21. « Le deuil et ses rapports avec les états maniaco-dépressifs », *op. cit.*, p. 342.

22. Cf. « Complément métapsychologique à la théorie du rêve », trad. fr. in *Métapsychologie*, Paris, Gallimard, 1968, p. 143.

23. « Envie et gratitude », *op. cit.*, p. 16.

24. *Ibid.*, p. 15.

de l'état antérieur »[25]. Perte de quoi — et regret de quel état — si ce n'est de la vie intra-utérine ? A moins de supposer que, même avant la naissance, il existait déjà un moi, et que ce moi avait déjà une relation d'objet avec la mère...
— elle fait appel, pour rendre compte d'un des moyens mis en œuvre par l'enfant afin de surmonter cette perte, à une comparaison révélatrice : lorsque l'enfant idéalise l'objet, on peut supposer qu'il « hallucine l'état pré-natal dont il a la nostalgie »[26]. Sa tentative vise donc bien, non pas à récupérer un objet, mais à retrouver un état.

Bien que l'inadéquation des termes de la reconstruction du vécu infantile soit ici particulièrement flagrante, il apparaît clairement que ce n'est pas un objet que l'enfant a perdu ; c'est l'état irremplaçable et impossible à restaurer, où il y a conformité absolue entre ce qu'il a, entre ce qu'il veut et ce qui est — cet état qui rend indéracinable, peut-être parce que déjà vécu et expérimenté, le sentiment de toute-puissance, propre à l'enfant mais toujours repérable chez l'adulte.

Tout le développement ne va-t-il pas consister à apprivoiser progressivement — mais jamais définitivement — le fonctionnement psychique à ce renoncement, à cette impossibilité de *re*trouver une réalité conforme au besoin — puis au désir ?

Prendre la mesure de la dérivation kleinienne incite à repenser ce qui précède au regard de la découverte freudienne qui éradique l'illusion de pouvoir connaître la satisfaction absolue et définitive : « Trouver l'objet sexuel n'est, en somme, que le retrouver »[27].

Autrement dit, objet réel et objet fantasmatique sont insuperposables : l'inadéquation radicale de l'objet au désir vient de ce que l'objet que l'on (re)trouve n'est pas l'objet qui a été perdu, cet objet de l'autoconservation dont l'objet de la quête sexuelle sera toujours nécessairement différent.

C'est à ce point précis — où l'irréversible de la perte de cet état premier ne se contourne que du maintien d'un leurre — que se situe le deuil « originaire » décrit par M. Klein, deuil dont il apparaît que l'élaboration ne saurait en aucun cas réaliser l'achèvement.

Désigner ainsi un « premier » surgissement de dépression, répondant à une « première » expérience de perte — ou mieux, à une perte

---

25. « Quelques conclusions théoriques au sujet de la vie émotionnelle des bébés », *op. cit.*, p. 190.
26. *Ibid.*, p. 191.
27. Freud S., *Trois essais sur la théorie de la sexualité*, trad. fr., Paris, Gallimard, 1968, p. 132.

inaugurale liée à la venue au monde du petit humain — est en parfaite concordance avec la désignation de la naissance comme expérience prototype d'angoisse répondant à la rencontre du premier danger.

Cette mise au jour d'un facteur « historique » rendant compte de l'apparition de la dépression reprend, en outre, d'autres points du modèle de l'angoisse :

— tout comme le danger de la naissance, la première expérience de perte n'a aucun contenu psychique, mais est pourtant à son maximum de réalité quant à ses conséquences, puisqu'un abandon réel compromettrait directement la survie de l'enfant. On retrouve ainsi la dimension du somatique et du réel, progressivement remplacés par le fantasme (de la perte d'amour) ;

— l'expérience prototype de dépression ne saurait être considérée comme autre chose qu'une « impression reculée » que le sujet « reproduit en la répétant » ;

— l'expérience dépressive apparaît non seulement comme incontournable, mais même, comme constitutive de l'humain.

Spécificité de la perte à laquelle répond la dépression

L'expérience inaugurale de dépression étant, par définition, unique, il s'agit maintenant de caractériser les pertes qui, à partir de là, vont provoquer la dépression, différentiellement des pertes qui provoquent l'angoisse.

La part d'idéalité inhérente à l'état perdu dessine la spécificité de la perte qui appelle une réponse dépressive : la dépression surgit lorsque la perte concerne un objet « bon », ou mieux, idéalisé — formulation qui, elle aussi, implique le recours à la théorisation kleinienne, et principalement aux concepts de bon objet et mauvais objet, de clivage de l'objet, de position dépressive, d'angoisse schizo-paranoïde et d'angoisse dépressive.

A. Bon objet — mauvais objet — clivage de l'objet

Pour parler de perte d'objet, il est nécessaire que l'objet soit appréhendé comme tel. Par conséquent, c'est la constitution de l'objet total à partir de l'objet bon et de l'objet mauvais qui doit être interrogée.

Pour M. Klein, la première relation d'objet du nourrisson, c'est sa relation avec le sein, un sein qui, alternativement, gratifie et frustre, et qui, de ce fait, est alternativement « aimé et senti comme bon » et « haï et senti comme mauvais »[28]. Ceci, sans oublier que l'objectivité des expériences de gratification et de frustration se trouve colorée par la subjectivité des processus intrapsychiques, notamment l'introjection et la projection.

A partir de là, « le sein "bon" — externe et interne — devient le prototype de tous les objets aimants et gratifiants, et le sein "mauvais" le prototype de tous les objets persécuteurs, internes ou externes »[29].

Mais de toute façon, le clivage de l'objet — en « bon » et « mauvais » — est inévitable, car on ne saurait imaginer une relation à l'objet qui ne comporte pas de frustration, quelle que soit la qualité de cette relation ; il apparaît même comme nécessaire, puisqu'il est « la condition préalable à l'instauration d'un bon objet »[30] — ce bon objet interne qui est « vécu comme indispensable à la conservation de la vie »[31], dont dépendra l'intégration du moi[32], et qui constituera le « noyau du moi »[33].

Le processus de clivage, que M. Klein considère comme l'une des activités primordiales du moi, joue donc un rôle essentiel dans la vie psychique. Étroitement lié à l'ambivalence, il n'est jamais définitivement abandonné, bien qu'il se modifie au cours du développement « tant dans sa forme que dans son contenu »[34].

Au départ, en tout cas, et comme en réponse à l'alternance répétitive de la satisfaction et de la frustration, le bon sein et le mauvais sein « alternent très rapidement et il est possible qu'il (le sein) soit vécu simultanément comme bon et mauvais »[35].

Dans cette alternance et cette simultanéité, deux aspects sont particulièrement intéressants, et à retenir :

1) Le fait d'éprouver simultanément, à l'égard d'un seul et même objet, des sentiments d'amour et de haine participe à la constitution de l'objet total, puisque le moi est « amené à comprendre que l'objet d'amour est le même que l'objet de haine »[36], autrement dit, ouvre l'accès à la position dépressive.

---

28. « Quelques conclusions théoriques au sujet de la vie émotionnelle des bébés », *op. cit.*, p. 189.

29. *Ibid.*, p. 189.

30. « Envie et gratitude », *op. cit.*, p. 84.

31. « Sur la théorie de l'angoisse et de la culpabilité », *op. cit.*, p. 260.

32. Cf. « A propos de l'identification », trad. fr. in *Envie et gratitude,* Paris, Gallimard, 1968, p. 145.

33. Cf. « Envie et gratitude », *op. cit.*, p. 34.

34. « Les racines infantiles du monde adulte », trad. fr. in *Envie et gratitude,* Paris, Gallimard, 1968, p. 105. Je ne parle ici que du clivage bon/mauvais, réservant pour la deuxième modélisation la question du clivage objet idéalisé/objet extrêmement mauvais qui permet d'éclairer différentiellement le syndrome dépression et la mélancolie.

35. « Sur le développement du fonctionnement psychique », *op. cit.*, p. 11.

36. « Contribution à la psychogenèse des états maniaco-dépressifs », *op. cit.*, pp. 336-337.

2) L'alternance du bon et du mauvais met en évidence qu'un objet n'est, et ne peut jamais être ni tout à fait bon, ni tout à fait mauvais, que la façon dont un objet est vécu est sujette à fluctuations, et que par conséquent, la relation à l'objet est *à penser en termes de prédominance de l'aspect bon ou de l'aspect mauvais,* prédominance momentanée ou plus ou moins durable, prédominance en tout cas possiblement, elle aussi, sujette à fluctuations [37].

B. La position dépressive

Lorsque l'enfant a saisi que l'objet d'amour et l'objet de haine ne font qu'un, lorsqu'il n'a plus besoin de les maintenir séparés, lorsqu'il peut synthétiser l'aspect bon et l'aspect mauvais et que prédomine l'aspect bon, lorsque sa mère lui apparaît comme une personne complète et réelle à laquelle il peut s'identifier, lorsqu'il parvient à installer en lui son objet d'amour — formulations multiples correspondant aux divers moments de la théorisation kleinienne —, la « position dépressive » est atteinte [38].

La façon dont l'enfant arrive à ce moment de sa vie et les conditions dans lesquelles il l'affronte sont évidemment fonction des expériences qu'il a vécues : expériences de pertes et de retrouvailles, dont seule la répétition alternée a fini par lui donner peu à peu la certitude que sa haine n'a pas détruit l'objet, que l'objet a conservé son intégrité. Et si l'objet attaqué et endommagé par la haine était vécu jusque-là comme persécuteur, il est désormais vécu comme un objet blessé, aimé, « envers lequel le sujet éprouve un sentiment de culpabilité et le besoin impérieux de réparer » [39]. La crainte concerne maintenant la survie de l'objet aimé, que l'on risque de perdre, et l'élaboration de la position dépressive va aboutir à ce que diminue « la crainte d'avoir détruit l'objet par le passé et celle qu'il puisse être détruit dans l'avenir : n'étant pas endommagé, il semble être devenu moins vulnérable » [40].

---

37. L'idée d'une *prédominance* de l'un des aspects de l'objet, et de la fluctuation possible de l'aspect prédominant, est présente aux textes kleiniens. Cf. par exemple : « Envie et gratitude », *op. cit.,* p. 26.

38. Une citation suffit pour montrer l'importance que M. Klein accorde à cette position : « La position dépressive infantile est la position centrale du développement de l'enfant. Le développement normal d'un enfant et son aptitude à aimer semblent dépendre, dans une large mesure, de l'élaboration de cette position décisive ». « Contribution à l'étude de la psychogenèse des états maniaco-dépressifs », *op. cit.,* p. 340.

39. « Sur le développement du fonctionnement psychique », *op. cit.,* p. 12.

40. « Envie de gratitude », *op. cit.,* pp. 39-40.

Si la perte de l'objet implique, pour être vécue comme telle, la constitution de l'objet total, la première perte d'objet ne peut survenir qu'au moment où l'enfant éprouve que l'objet aimé et l'objet haï ne font qu'un, où il intériorise son premier objet total aimé, au moment donc où il accède à la position dépressive [41]. Dès lors, il peut perdre l'objet d'amour, et en un sens il le perd nécessairement : le risque de la perte d'amour vient relayer et supplanter le risque de la perte de l'objet.

A partir de là, toute perte subie au cours de la vie réactive la position dépressive, et nécessite que cette dernière soit à nouveau élaborée afin que l'objet puisse être réinstauré dans le moi comme bon objet interne. Cette réactivation éclaire le lien entre position dépressive précoce et état dépressif de l'adulte : l'échec de la première est, en effet, une cause déterminante de la survenue du second, puisque c'est sur le modèle de cette première élaboration que s'effectuera, en sa réussite comme en son échec, le travail consécutif aux pertes ultérieures.

C. Angoisse schizo-paranoïde [42] *— Angoisse dépressive*

Pour M. Klein, l'angoisse est l'affect-clé, autour duquel s'ordonne quasiment toute la vie psychique, l'affect contre le surgissement duquel l'une des principales activités du moi consiste à s'organiser. Il s'agit, dès le début de la vie, de se défendre contre l'angoisse [43].

Or, les conditions de surgissement de l'angoisse évoluent avec le développement, et l'intégration progressive du moi « amène des changements dans la nature de l'angoisse » [44]. De ce fait, et bien que cette distinction soit « fondée sur un concept-limite » [45], on peut distinguer deux formes d'angoisse : l'angoisse de persécution ou angoisse schizo-paranoïde, et l'angoisse dépressive.

Il est, par exemple, important de ne pas confondre l'angoisse que la bonne mère soit changée en mauvaise mère — c'est-à-dire l'angoisse de persécution — et l'angoisse que la bonne mère soit perdue parce que

---

41. Ce que reconnaît, d'ailleurs, à certains moments, M. Klein. Cf. par exemple : « Contribution à l'étude de la psychogenèse des états maniaco-dépressifs », *op. cit.*, p. 316.

42. J'utilise le terme « schizo-paranoïde », et non « paranoïde », bien que ce soit ce dernier qui figure dans les premiers textes de M. Klein. En effet, après avoir pris connaissance des travaux de Fairbairn, qui décrit le même phénomène, M. Klein a décidé de modifier le concept qu'elle utilisait et de « combiner » le terme de Fairbairn avec le sien. Cf. « Notes sur quelques mécanismes schizoïdes », *op. cit.*, p. 276, note 1.

43. Cf. « Quelques conclusions théoriques au sujet de la vie émotionnelle des bébés », *op. cit.*, p. 202 ; et : « En observant le comportement des nourrissons », trad. fr. in *Développements de la psychanalyse,* Paris, PUF, 1966, p. 244.

44. « Quelques conclusions théoriques au sujet de la vie émotionnelle des bébés », *op. cit.*, p. 211, note 4.

45. « Sur la théorie de l'angoisse et de la culpabilité », *op. cit.*, p. 268.

détruite par les pulsions agressives — c'est-à-dire l'angoisse dépressive. Ce qui permet de préciser la différence : si l'angoisse de persécution répond aux dangers qui menacent le moi, l'angoisse dépressive se rapporte aux dangers qui concernent l'objet aimé, surtout lorsque ces dangers proviennent de l'agressivité du sujet. Et l'on comprend, dès lors, que « ces deux formes d'angoisse englobent toutes les situations d'angoisse que l'enfant peut éprouver » [46].

A ceci, il convient d'ajouter d'une part, que ces deux formes d'angoisse, si elles sont « conceptuellement distinctes », sont « cliniquement souvent mêlées » [47] ; et d'autre part, qu'elles ne disparaissent jamais complètement, et « peuvent donc toujours resurgir, bien que dans une moindre mesure, pendant toute la vie » [48].

D'autres précisions sont nécessaires pour affiner la différence :
1/ L'angoisse schizo-paranoïde, qui est caractéristique de la position schizo-paranoïde, est déclenchée et alimentée par la relation à l'aspect mauvais de l'objet et par la haine. Elle consiste essentiellement dans la peur d'être persécuté par des objets terrifiants. Le nourrisson en fait l'expérience à partir de la naissance, et elle prédomine pendant les premiers mois de la vie, tandis que la peur de perdre l'objet aimé n'intervient que dans un temps second.
2/ L'angoisse dépressive survient quand la position dépressive est atteinte, et consiste dans la peur de perdre les objets aimés par sa propre faute : « La préservation (du) bon objet est l'essence même des angoisses dépressives » [49]. L'angoisse dépressive est un indice de l'intégration du moi puisqu'elle implique le rapprochement des aspects bon et mauvais de l'objet, et l'introjection de la mère comme personne totale. Lorsque les sentiments d'amour prédominent, l'angoisse de persécution diminue, mais cependant persiste. L'angoisse dépressive est soulagée dès que l'objet aimé réapparaît, confirmant à chaque fois, par une indispensable répétition, qu'il n'a pas été endommagé ou annihilé par l'agressivité, qu'il n'est pas définitivement perdu.

Il y a donc bien « deux séries de craintes, de sentiments et de défenses » [50]. *Selon l'aspect de l'objet qui prédomine, l'angoisse se modifie* et le moi est contraint de trouver et de mettre en œuvre des mécanismes de défense appropriés : lorsque l'objet abîmé est effrayant et vécu

---

46. « Sur les critères de fin d'analyse », *op. cit.*, p. 7.

47. *Ibid.*, p. 7.

48. « En observant le comportement des nourrissons », *op. cit.*, p. 245, note 1. Ces remarques rejoignent l'identique impossibilité évoquée à propos des deux « positions », schizo-paranoïde et dépressive.

49. « Note sur la dépression chez le schizophrène », trad. fr. in *Psychanalyse à l'Université*, 1983, 8, 30, p. 188.

50. « Le deuil et ses rapports avec les états maniaco-dépressifs », *op. cit.*, p. 345.

comme persécuteur, l'angoisse qu'il déclenche est schizo-paranoïde; lorsqu'il est vécu comme blessé, souffrant, aimé et devant être réparé, l'angoisse qu'il provoque est dépressive.

Une précision supplémentaire accentue encore la distinction: si à l'origine de l'angoisse schizo-paranoïde se trouve la persécution, on peut repérer, dans les travaux de M. Klein, un mécanisme comparable, mais différent, qui se trouve à l'origine de l'angoisse dépressive: la *nostalgie* [51].

Ces éléments de la théorie kleinienne sont suffisamment nombreux pour permettre de poser une distinction beaucoup plus radicale entre les deux affects — angoisse schizo-paranoïde et angoisse dépressive —, ce que leur référence commune à l'angoisse tend, chez M. Klein, à affaiblir.

En un mot, rien n'empêche de dire que la peine, l'inquiétude pour les objets aimés, la crainte de les perdre, et le désir de les retrouver, constituent *non pas l'angoisse dépressive, mais précisément la dépression, par opposition à l'angoisse* qui subsume, dès lors, uniquement mais plus spécifiquement les caractères de l'angoisse schizo-paranoïde.

Cette opposition a l'intérêt, à la fois théorique et clinique, de spécifier l'affect dépression par rapport à l'affect angoisse, et de marquer ainsi l'impossible assimilation des deux mécanismes tout en reconnaissant leur indéniable intrication et leur étroite interdépendance: angoisse et dépression ne sont, en aucun cas, des alternatives absolues, elles s'interpénètrent, dans un rapport de tissage serré qui rend compte de leur potentielle alternance. Ce qui ne fait d'ailleurs que rejoindre la mention de M. Klein, selon laquelle les deux formes d'angoisse dont elle parle sont « conceptuellement distinctes ».

Mais cette distinction a également un intérêt supplémentaire: elle permet de repenser la question soulevée par les deux sortes d'angoisse mises en évidence par Freud, et qui, tout en n'étant pas identiques, sont néanmoins désignées par le même mot. On peut d'ailleurs supposer que l'interrogation contenue dans le texte de 1926 est à l'origine de la différenciation travaillée par M. Klein entre angoisse schizo-paranoïde et angoisse dépressive. M. Klein répond en effet, par ses élaborations, à la constatation de Freud selon laquelle la peur de la perte d'amour implique un « déplacement supplémentaire », une certaine maturation du

---

51. *Ibid.*, p. 346, et pp. 358-359. Je reviendrai sur l'intérêt du terme de « nostalgie », mais notons d'ores et déjà que cet intérêt se redouble du fait qu'*avant* le texte de 1926, lorsque Freud l'utilise, c'est, plus ou moins directement, par rapport à l'angoisse (alors qu'en 1926, il ouvre d'autres perspectives). Par exemple: en 1897, dans la lettre n° 72, à Fliess, in *Naissance de la psychanalyse, op. cit.*, p. 201 ; en 1921, dans « Psychologie des foules et analyse du moi », *op. cit.*, p. 185 ; en 1923, dans « Le moi et le ça », *op. cit.*, p. 274.

moi, et vient relayer une peur plus précoce, la peur de la perte de l'objet qui néanmoins persiste et peut réapparaître.

En résumé, c'est à ce point précis que se définit, dans sa spécificité, l'affect dépression, redoublant de façon concomitante la spécificité de l'affect angoisse :
— *la dépression surgit devant la perte lorsque prédomine l'aspect « bon » de l'objet,*
— *l'angoisse est éveillée par la perte lorsque prédomine l'aspect « mauvais » de l'objet.*

Mais il ne s'agit que d'une première avancée : nous verrons, en effet, que la distinction kleinienne entre « objet idéalisé » et « objet extrêmement mauvais » potentialise cette première différenciation lorsqu'il s'agit de fonder la spécificité du syndrome dépression par rapport à la mélancolie.

2. L'AXE ÉCONOMIQUE/FONCTIONNEL : L'INTENTIONNALITÉ

Un certain nombre de propositions sont ici construites, ayant pour objectif de poursuivre la modélisation de la dépression sur l'angoisse, et surtout d'aboutir à la mise en évidence d'une spécificité fonctionnelle de la dépression.

Fonction de la dépression

Si l'angoisse prépare au danger, *la dépression prépare à la perte.* De telle sorte qu'*a minima,* en tant que signal, elle est nécessaire, car elle permet d'éviter des réactions plus catastrophiques — qui restent à préciser. Mais dès qu'elle se développe, dès qu'elle dépasse son objectif, elle devient irrationnelle : elle instaure un état, dont l'intensité et la durée indiquent la présence de l'élément pathologique.

Distinctions terminologiques : un axe de structuration de la dépression

Tracer un axe de « structuration » de la réaction à la perte a pour but de qualifier — par le choix de termes appropriés — le rôle-pivot de la dépression et les caractéristiques des autres termes :
— à la dépression revient la position centrale qu'occupe l'angoisse (par rapport à l'effroi et à la peur) ;

— le deuil-affect occupe la place de l'effroi ;
— la tristesse (chagrin) occupe la place de la peur (crainte).

A partir de là, se trouvent engagés les points suivants :
1) L'*affect-deuil* suppose impréparation, surprise et anéantissement. La préparation n'a aucune prise sur son surgissement, quel que soit le nombre d'expériences similaires préalablement vécues. Le deuil est lié au traumatisme et fait effraction. La réaction qu'il déclenche et qui l'accompagne est nécessairement anarchique et catastrophique. Autrement dit, la perte engendre une situation de besoin excessif, c'est-à-dire une attaque pulsionnelle qui, elle, provient de l'intérieur.
2) La *tristesse* suppose que la perte est définie et déterminée : l'objet que l'on est triste d'avoir perdu est connu. Mais la rationalité de la réaction n'est qu'apparente : la tristesse est toujours « lourde de plus que ce qu'implique la situation réelle ».
3) *Entre les deux, se trouve la dépression,* plus ou moins « intentionnelle », que son aspect intentionnel apparente à la tristesse tandis que son aspect irrationnel la rapproche du deuil. L'aspect intentionnel de la dépression, c'est la préparation à la perte — perte dont, toutefois, la nature reste indéterminée. Il tend à donner à la dépression « le masque de la tristesse », à lui octroyer une rationalité. Mais même la tristesse a toujours, en réalité, un fond de dépression, et cela, parce qu'une dépression-réel « pure » est impensable. Quant à l'aspect irrationnel de la dépression, c'est son développement, l'immaîtrisé et l'incontrôlable de l'anéantissement, qui implique que la dépression attaque de l'intérieur. Ce qui pose la question de l'origine de la perte : la dépression-préparation renvoyant à son aspect objectivable, la dépression-développement à son aspect libidinal.

En un mot, à être ainsi défini, cet axe indique que la dépression est plus structurée que l'affect-deuil, mais moins structurée que la tristesse. Il permet, en outre, de considérer que, si la dépression a bien une fonction, celle-ci est fondamentalement *défensive : la dépression protège contre le deuil.*

Mais d'autres termes peuvent être choisis pour constituer cet axe. Tout en laissant à la dépression la place centrale, ils ont l'intérêt de reprendre des termes freudiens qui appartiennent au texte de 1926 : étudiant la façon dont l'enfant réagit lorsqu'il perd de vue sa mère, Freud constate que la répétition des expériences de retour propres à le rassurer finissent par l'amener à distinguer l'absence temporaire et la perte durable ; dès lors qu'il a appris — grâce notamment au jeu — que la disparition est habituellement suivie de la réapparition, quand il est confronté à la séparation, « il peut alors ressentir quelque chose comme de la *nostalgie,* sans que celle-ci s'accompagne de *désespoir* » [52].

52. *Inhibition, sympômes et angoisse, op. cit.,* p. 99 (mots soulignés par moi).

Un autre axe se dessine ainsi, sur lequel s'inscrivent, *de part et d'autre de la dépression : d'une part la nostalgie,* plus rationnelle et structurée, et *d'autre part le désespoir,* anarchique et catastrophique — la nostalgie ayant les caractéristiques de la tristesse, le désespoir celles du deuil.

Double aspect de la dépression

Pour rester au plus près du modèle de la théorie de l'angoisse, il faut maintenant dépasser la distinction terminologique précédente, en montrant que le double aspect de la dépression l'autorise à subsumer les deux autres termes :

— la dépression-développement, ou encore la dépression-automatique, se déclenche sans que l'on sache quel est l'objet perdu, ou plus précisément, sans que l'on puisse déterminer la nature de la perte. Elle envahit et anéantit le sujet, dont les défenses n'ont pas été alertées et mises en œuvre. Elle se superpose en quelque sorte au deuil et au désespoir.

— la dépression-préparation, enclenchée par la dépression-signal, permet de se mettre en garde et d'éviter ainsi la surprise et le développement. On pourrait dire que le sujet prévoit la perte, mais je préfère dire qu'*il l'anticipe* [53]. La dépression-préparation englobe la tristesse et la nostalgie, indissociables en fait d'une certaine dépression.

Ce double aspect de la dépression conduit à la distinction entre une dépression impropre et une dépression appropriée :

— une dépression automatique impropre (même si elle était appropriée à l'origine, lors de la première expérience de perte) qui est répétée à chaque fois qu'une situation de perte survient ;

— une dépression appropriée, « produite par le moi » lorsque menace une situation analogue à l'expérience passée, dans le but de déclencher la préparation qui permettra d'éviter l'anéantissement.

L'intérêt de regrouper ainsi, autour de la dépression, les réponses à la perte est multiple :

— ce regroupement souligne l'oscillation toujours potentielle entre l'aspect fonctionnel et l'aspect irrationnel de la dépression ;

— la dépression-préparation, si elle protège contre une perte théoriquement objectivable, apparaît également comme défense contre l'aspect pulsionnel de la perte, et en ce sens, comme « prévention » contre la dépression-développement-et-anéantissement ;

53. Voir pp. 39-40 (note), et pp. 146-149.

— ce regroupement, enfin, met en évidence la nécessité de tenir compte des implications de la temporalité pour mettre en fonction les différenciations.

Une intentionnalité de la dépression ?

Cette proposition présente les mêmes difficultés que celle qu'engage la « production » d'angoisse par le moi. S'il est incontestable que le moi est bien le « lieu » de la dépression, que c'est le moi qui la perçoit et qui l'éprouve, peut-on concevoir que le moi ait la capacité de produire de la dépression ?

Sans répondre à cette question davantage que précédemment, il faut toutefois remarquer que le fait de la poser — tout comme, d'ailleurs, le choix de la fonction attribuée à la dépression — impliquent un renversement temporel. En effet, le modèle d'Abraham, utilisé au départ pour interroger la dépression au regard de l'angoisse, consiste à situer l'angoisse face au futur et la dépression face au passé. Or, attribuer à la dépression une fonction de préparation, et lui supposer une intentionnalité, c'est désigner paradoxalement une dépression qui s'adresse au futur. Ce qui est à saisir comme un renversement identique, mais inverse, à celui opérant pour l'angoisse qui, bien que du futur, est également du passé.

3. DÉPRESSION, PERTE ET TEMPORALITÉ

Lorsque le sujet s'attend, alerté par sa mémoire, à la survenue de la perte, et se conduit dès lors comme si la perte était présente, il écarte et neutralise sa dimension traumatique. Il utilise la réponse dépressive *à la fois comme attente* du traumatisme, *et comme répétition* atténuée de ce traumatisme.

En d'autres termes, attente et répétition se situent au fondement de la fonctionnalité de la dépression. De telle sorte que l'intérêt de l'idée d'une « remémoration sans souvenir », manifestation de la mémoire de l'inconscient, vient ici à se redoubler.

En effet, dans la dépression, au titre de l'expérience passée, la remémoration sans souvenir dé-chronologise la perte :
— elle l'anticipe : alors que la perte se situe dans le futur, elle la vit dans l'immanence du présent, et nécessairement sur le modèle de ce qu'elle a déjà vécu ;
— elle la répète : alors que la perte a été vécue dans le passé, elle reproduit dans le présent la situation que cette perte avait instaurée autrefois.

Autrement dit, en actualisant la situation de perte, connue au titre du passé mais vécue comme à venir, *la réponse dépressive tente de trouver un objet à la perte éprouvée dans le présent.*

Et l'on retrouve ici l'idée qui affleurait à la spécification économique de la dépression, selon laquelle la perte permettrait de symboliser l'hémorragie primordiale et innommable.

Enfin, si la dépression protège du deuil, c'est parce qu'en manipulant la temporalité, elle neutralise le traumatique de la perte : et, en ce sens, l'« aménagement » du temps permet un « arrangement » avec la perte/mort/anéantissement.

Angoisse et dépression apparaissent alors comme à la fois et nécessairement du passé mais aussi du futur.

Prendre la mesure de ce renversement est essentiel, car la désignation d'une dépression du futur est l'un des paradoxes constitutifs de la problématique dépressive [54].

4. ÉVALUATION DE L'OPÉRATIVITÉ THÉORICO-CLINIQUE DE LA MODÉLISATION PROPOSÉE

1) La modélisation de l'affect dépression sur l'affect angoisse réévalue l'affect dépression, et lui attribue non seulement une spécificité, mais une place centrale dans le fonctionnement psychique — centralité que la clinique ne fait que confirmer.

Cette réévaluation passe par la mise au jour de la spécificité des aspects économique, historique et fonctionnel de l'affect :

— économique : dans la dépression, la perturbation économique provient de l'anéantissement, alors que dans l'angoisse elle provient du débordement ;

— historique : l'expérience « prototype » de dépression concerne la perte d'un état, et non la perte d'un objet, ce qui intrique la question de l'idéalité à celle de la perte ;

— fonctionnel : la dépression apprivoise la perte, et par suite, protège contre le deuil.

2) Elle propose une réponse à la question soulevée par Freud à propos des réactions différentielles devant la perte : c'est du côté de l'objet perdu qu'il faut rechercher la raison de ces différences. Selon l'aspect de l'objet qui prédomine — « bon » ou « mauvais » — le moi se trouve contraint de mettre en œuvre des mécanismes appropriés : la dépression

54. Je reviendrai sur ces points dans la troisième partie.

dans le premier cas, l'angoisse dans le second. Et ceci, du fait de l'idéalité inhérente à l'état à jamais perdu.

3) Elle permet de penser pourquoi il est actuellement toujours impossible de distinguer radicalement ce qu'il est convenu d'appeler « dépression réactionnelle » de ce qu'il est convenu d'appeler « dépression endogène » — comme si une sorte de contamination interne les reliait et les rendait indissociables. En effet, la distinction des partisans de l'hypothèse « dualiste » recouvre pratiquement la différenciation entre dépression-réel et dépression névrotique/pulsionnelle, mais sans tenir compte des limites de cette différenciation.

4) Elle ouvre enfin une autre modélisation qui va permettre de spécifier, là aussi différentiellement et toujours dans une perspective métapsychologique, la dépression-syndrome par rapport à la mélancolie. De même que Freud distingue « deux sortes de mélancolie » : la mélancolie « psychogène » et la mélancolie « apparemment spontanée », il apparaît maintenant possible de distinguer — au titre du syndrome — une dépression « psychogène » et une dépression « apparemment spontanée », la première se situant du côté de la dépression-réel, la seconde du côté de la dépression pulsionnelle.

DEUXIÈME PARTIE

SYNDROME DÉPRESSION / MÉLANCOLIE

IV

Choix du modèle

Dans la théorie freudienne, mélancolie et névrose obsessionnelle sont intrinsèquement liées. Ce lien, fondé métapsychologiquement en 1915 par l'inscription, sur un même axe, du « deuil normal », du « deuil pathologique » et de la « mélancolie », reste ensuite présent à tous les textes qui traitent de la mélancolie. Mais il est déjà sous-jacent aux toutes premières élaborations de Freud. Autrement dit, si ce lien s'est compliqué et précisé, s'il est à repenser en fonction des apports de Karl Abraham, il a toujours été central.

Aussi, avant de montrer comment la dépression-syndrome trouve place sur cet « axe des complications du deuil », comment elle peut s'y définir à partir de son mécanisme en tant que syndrome spécifique, il est nécessaire de retracer l'évolution des liens qui assurent la parenté entre mélancolie et névrose obsessionnelle :

— au titre de la théorie : l'angoisse, la culpabilité et le deuil ;

— au titre de la clinique : le passage possible, et quelquefois repérable, de l'une à l'autre.

1. AVANT 1900

Bien avant d'être associées par référence aux complications potentielles du deuil, et malgré leur apparente hétérogénéité dans les premières élaborations, mélancolie et névrose obsessionnelle se situent dans une proximité qui affleure, qui est parfois même explicitement mentionnée, et qui est à resituer dans son imbrication à la différenciation, travaillée ces années-là par Freud, entre neurasthénie et névrose d'angoisse.

En effet, si dès les premiers textes, la névrose obsessionnelle est considérée comme une psychonévrose, en revanche, la mélancolie apparaît pendant plusieurs années dans un rapport mouvant tantôt à la neurasthénie, tantôt à la névrose d'angoisse. Et il faudra attendre 1914 pour qu'elle soit qualifiée de « névrose narcissique », après avoir été, jusqu'en 1899, résolument placée du côté des névroses sous-tendues par un conflit actuel, et non par un conflit infantile.

Un autre élément est à retenir, en tant qu'indice de l'impossible assimilation de la dépression à la mélancolie : la désignation, à cette époque, d'une constellation particulière sous le terme de « dépression périodique » ; constellation qui, avant d'être abandonnée, se trouve elle aussi dans une situation fluctuante, mais cette fois, entre la mélancolie et la névrose d'angoisse.

La complexité des multiples liens et de leurs remaniements entre ces diverses configurations incite à une lecture chronologique attentive et rigoureuse des textes antérieurs à 1915 : on sait combien les points d'achoppement et les glissements sont annonciateurs, dans l'œuvre de Freud, des perspectives et des hypothèses à venir.

1892

Manuscrit A, de fin 1892 [1]

C'est de façon concomitante que Freud pose, sous la rubrique « Problèmes », la question de l'étiologie de la névrose d'angoisse, de la neurasthénie et des dépressions périodiques.

1893

La dépression périodique est une forme de névrose d'angoisse ; elle n'est pas superposable à la mélancolie.

Manuscrit B, du 8.2.1893 [2]

L'une des premières tentatives pour spécifier la névrose d'angoisse par rapport à la mélancolie désigne la « dépression périodique » *(periodische Verstimmung)* comme « troisième forme de névrose d'angoisse » *(dritte Form der Angstneurose)* — ce qui introduit un rapport à remar-

1. In *Naissance de la psychanalyse, op. cit.*, pp. 59-60.
2. In *Naissance de la psychanalyse, op. cit.*, pp. 61-66 (pp. 76-82).

quer entre angoisse et dépression puisque les deux premières formes sont : névrose d'angoisse « à l'état chronique » *(Dauerzustand)* et « accès d'angoisse » *(Angstanfall)*.

La dépression périodique est, en outre, explicitement distinguée de la mélancolie — sans qu'il soit précisé à ce moment ce qu'est la mélancolie — et ce, de deux façons : d'une part, elle survient consécutivement à un traumatisme psychique qui fait figure de facteur déclenchant, même si le rapport de cause à effet n'est rationnel qu'en apparence, tandis que la mélancolie survient sans que l'on puisse repérer ce qui permettrait de l'expliquer, ou de croire qu'elle s'explique ; d'autre part, la dépression périodique ne comporte pas « l'anesthésie psychique » que l'on constate dans la mélancolie.

Deux autres notations contenues dans ce texte sont également à retenir :

— la description du neurasthénique, qui « manque de confiance en lui-même, est dans une certaine mesure pessimiste et tend à se forger des idées antagonistes déprimantes » *(Neigung zu peinlichen Kontrastvorstellungen)* [3] ;

— la mise en évidence, parmi les symptômes chroniques de la névrose d'angoisse, de « l'anxiété à propos des décisions à prendre et de la mémoire, c'est-à-dire du fonctionnement psychique (folie du doute, ruminations mentales, etc.) ».

1894

En s'écartant d'une part, de la névrose obsessionnelle, et d'autre part, de la névrose d'angoisse, la mélancolie se rapproche de la neurasthénie ; quant à la dépression périodique, elle s'éloigne de la névrose d'angoisse et se rapproche de la mélancolie.

Lettre à Fliess, n° 18, du 21.5.1894 [4]

La mise au jour des mécanismes à l'œuvre dans les névroses relie mélancolie et névrose d'angoisse, et les distingue du fonctionnement obsessionnel : mélancolie et névrose d'angoisse sont consécutives à une transformation de l'affect, tandis que les obsessions correspondent à un déplacement de l'affect. Le mécanisme à l'œuvre dans la neurasthénie n'est pas mentionné.

---

3. Il s'agit littéralement de « tendance aux représentations de contraste pénibles ». Le mot « déprimantes » ne figure pas dans le texte allemand.

4. In *Naissance de la psychanalyse, op. cit.*, pp. 76-78 ; cf. pp. 76-77.

Manuscrit D, de mai 1894 (?) [5]

Dans le plan de classification des « grandes névroses », chacune des configurations apparaît séparément. Seule la dépression périodique n'est pas citée, ce qui laisse supposer qu'elle est toujours subsumée par la névrose d'angoisse. La mélancolie a sa place, et, si elle est associée à la manie au chapitre de la morphologie, elle est isolée au chapitre de l'étiologie, où ne figure pas la manie.

Les psychonévroses de défense [6]

Les obsessions, même si elles sont souvent combinées à la neurasthénie, sont à distinguer résolument de celle-ci. En effet, elles sont sous-tendues par un mécanisme psychique, ce qui n'est absolument pas le cas des symptômes de la neurasthénie commune. Le mécanisme assigne la névrose obsessionnelle à la catégorie des psychonévroses.

Manuscrit E, de juin 1894 (?) [7]

Au centre de la spécification de la névrose d'angoisse, se trouve l'affect d'angoisse dont l'origine est désignée : une tension accumulée, qui ne parvient pas à être psychiquement liée, se transforme en angoisse. Ceci permet de différencier névrose d'angoisse et mélancolie : dans la première, la tension sexuelle est physique, dans la seconde, la tension sexuelle est psychique ; mais dans les deux cas, il s'agit de tension sexuelle ; dans les deux cas, la source de l'angoisse est indépendante des faits psychiques — ce qui éloigne la mélancolie des psychonévroses et la rapproche de la névrose d'angoisse, mais, là encore, tout en l'en distinguant.

Manuscrit F. du 18.8.1894 [8]

L'analyse de deux patients — les cas étant placés sous la rubrique « névrose d'angoisse » *(Angstneurose)* — introduit quelques intrications supplémentaires.

M. K. présente de « courts accès de dépression aiguë » *(kurze Anfälle von tiefer Depression),* désignés dans l'analyse critique comme « sentiments mélancoliques typiques » *(typischer melancholischer Empfindung* — littéralement : des ressentis mélancoliques typiques), dont l'apparition est considérée par Freud comme « intéressante », et comme devant avoir « une importance théorique en rapport avec la névrose d'angoisse due à la scission ». Mais ajoute-t-il, « actuellement, je ne puis que le signaler ».

---

5. In *Naissance de la psychanalyse, op. cit.,* pp. 78-80 ; cf. pp. 78-79.
6. Trad. fr. in *Névrose, psychose et perversion,* Paris, PUF, 1973, pp. 1-14 ; cf. p. 11.
7. In *Naissance de la psychanalyse, op. cit.,* pp. 80-85 ; cf. pp. 81-82.
8. In *Naissance de la psychanalyse, op. cit.,* pp. 87-90 (pp. 106-110).

Quant à M. v. F., il s'agit d'un « cas léger mais tout à fait caractérisé de dépression périodique *(periodische Verstimmung)* et de mélancolie *(Melancholie)* », dont l'analyse critique fait apparaître non seulement une « évidente analogie » avec la neurasthénie, mais aussi une étiologie « identique ». Au point qu'il convient de parler de « mélancolie neurasthénique *(neurasthenische Melancholie)* à laquelle doit s'appliquer la théorie de la neurasthénie ».

Autrement dit, alors que l'angoisse est au centre de la mélancolie, tout comme de la névrose d'angoisse, la mélancolie — qui ne se superpose toujours pas à la dépression périodique, mais qui s'en rapproche, comme en témoigne l'utilisation successive des deux termes dans le second cas, alors que dans le premier cas, ils sont utilisés l'un pour l'autre — paraît se lier à la neurasthénie.

1895

La proximité de la mélancolie et de la neurasthénie d'une part, de la mélancolie et de la dépression périodique d'autre part, s'affirme — tandis que se précise la distinction entre mélancolie et névrose d'angoisse ; une connexion surgit en revanche entre cette dernière et la névrose obsessionnelle.

Mais ce qui affleure surtout, c'est l'intuition que *plusieurs formes de mélancolie peuvent être mises en évidence, suivant le mécanisme économique à l'œuvre.*

Manuscrit G, du 7.1.1895 (?)[9]

Tandis que se réaffirme la présence de l'angoisse et de l'anesthésie à la mélancolie, ainsi que la parenté de la mélancolie et de la neurasthénie (puisque la première apparaît comme une « augmentation » de la seconde), tandis que se dégage l'intuition de la correspondance entre le deuil et la mélancolie, trois formes de mélancolie sont distinguées :

— la « forme périodique ou cyclique héréditaire » *(periodische oder zyklische hereditäre Form)* devient le cas « typique », ce qui tend à resserrer les liens entre mélancolie et dépression périodique. Cette première forme, la « véritable mélancolie banale grave » *(echte gemeine schwere Melancholie* — littéralement : véritable mélancolie grave commune) peut être « périodique » ou « cyclique », la nuance évoquant celle — actuelle — entre affection unipolaire et affection bipolaire.

— la « mélancolie neurasthénique » *(neurasthenische Melancholie)*, forme déjà mise au jour par la clinique, confirme une parenté interne qui est rapportée d'une part, à une identité de mécanisme (mélancolie et

9. In *Naissance de la psychanalyse, op. cit.*, pp. 91-97 (pp. 111-118).

neurasthénie correspondent à un appauvrissement, à un affaiblissement de l'excitation), et d'autre part, à une différence de localisation (la neurasthénie concerne le somatique, tandis que, dans la mélancolie, le « trou » qui, dans un mouvement inverse à celui de la manie, la fait ressembler à une « hémorragie interne », se situe dans le psychisme). Bien que la nuance soit certaine, elle est en même temps impossible à fixer, car l'appauvrissement neurasthénique peut « s'étendre au psychisme », ce qui explique la similitude des manifestations, si incontestable qu'« il est souvent difficile de différencier certains cas ».

— la « mélancolie anxieuse » *(Angstmelancholie* — littéralement : mélancolie d'angoisse) maintient le lien entre mélancolie et névrose d'angoisse, mais sans impliquer de parenté interne : elle se présente plutôt comme juxtaposition, et est d'ailleurs définie comme « forme mixte de névrose d'angoisse et de mélancolie » *(Mischform von Angstneurose und Melancholie).*

Deux points sont ici essentiels à retenir :

1) D'abord, ce qui est posé, au départ de ce manuscrit, comme un fait : « la mélancolie se combine typiquement avec une angoisse grave » *(Melancholie kommt in typischer Kombination mit schwerer Angst vor).* C'est bien cette *présence de l'angoisse dans toutes les formes de mélancolie* que mettent en évidence les appellations différentielles données à cette maladie — observation essentielle en ce qu'elle fonde l'un des points de la spécificité du syndrome dépression par opposition à la maladie d'angoisse qu'est la mélancolie.

Freud désigne ainsi l'élément commun qui intrique la mélancolie et la névrose d'angoisse, et rend implicitement compte de la difficulté à les penser indépendamment l'une de l'autre.

Par ailleurs, tout se passe comme si la dépression périodique se trouvait absorbée par l'entité « mélancolie », mouvement auquel on se heurte toujours dès lors qu'on tente de spécifier la dépression.

2) Ensuite et surtout, l'intuition sous-jacente à la distinction opérée entre mélancolie anxieuse et mélancolie neurasthénique. Cette intuition, *que Freud ne reprendra jamais,* recèle un autre point de spécificité du syndrome dépression. Si ces deux configurations sont bien sûr intriquées, elles apparaissent néanmoins *insuperposables quant à leur mécanisme : accumulation et débordement pour la mélancolie anxieuse, appauvrissement et hémorragie pour la mélancolie neurasthénique.* Autrement dit, *tout comme l'affect* dépression par rapport à l'angoisse, le syndrome dépression — rapproché ici de la mélancolie neurasthénique — peut être différencié de la mélancolie — réduite ici à la mélancolie anxieuse — au titre de sa *perturbation économique quasiment inversée.*

Qu'il est justifié de séparer de la neurasthénie un certain complexe symptomatique sous le nom de « névrose d'angoisse » [10]

Le rapport entre neurasthénie et mélancolie se précise dans son opposition à la névrose d'angoisse, tandis qu'est reposé le lien entre neurasthénie et névrose d'angoisse : la neurasthénie s'apparente à la névrose d'angoisse par l'origine identique de la source d'excitation (le domaine somatique) ; mais elle s'en différencie par le mécanisme à l'œuvre : elle correspond à un appauvrissement (ce qui éclaire la constatation selon laquelle « certaines neurasthénies sont en fait des mélancolies, surtout quand leur nature est périodique »), tandis que la névrose d'angoisse correspond à une accumulation.

Par ailleurs, la clinique fournit un point d'entrecroisement entre névrose d'angoisse et névrose obsessionnelle : certains des symptômes repérables dans la névrose d'angoisse (l'angoisse de conscience, la scrupulosité, la maniaquerie, et bien sûr, la folie du doute, cette « forme extrême ») sont les mêmes que ceux qui constituent la configuration obsessionnelle. Cette constatation clinique permet d'« affirmer que bien des syndromes de la névrose obsessionnelle... peuvent être attribués cliniquement, sinon conceptuellement, à la névrose d'angoisse ».

1896

C'est la culpabilité qui relie mélancolie et névrose obsessionnelle. La différence réside dans la croyance que le moi accorde ou refuse à la représentation obsédante.

Manuscrit K. du 1.1.1896 [11]

La mise en évidence de son mécanisme explique que la scrupulosité — « contre-symptôme » qui se forme lorsque sont refoulés souvenir et blâme — soit caractéristique de la névrose obsessionnelle.

Par ailleurs, l'auto-reproche, indissociable de la névrose obsessionnelle, se manifeste sous forme de sentiment de culpabilité ; mais la double déformation subie par son contenu rend l'idée obsédante méconnaissable pour le moi qui la perçoit comme « étrangère » [12]. L'étrangeté d'une pensée par rapport au moi, c'est à la fois le caractère incontrôlable de son surgissement, et le reproche que le moi ne pourrait manquer de se faire s'il la reconnaissait comme sienne.

La scrupulosité permet que se maintienne cette étrangeté : elle éclaire la coexistence du reproche et de la possibilité que conserve le

10. Trad. fr. in *Névrose, psychose et perversion,* Paris, PUF, 1973, pp. 14-38.

11. In *Naissance de la psychanalyse, op. cit.,* pp. 129-137 (pp. 156-166) ; cf. pp. 132-133.

moi de ne pas reconnaître l'idée comme sienne. Mais il arrive que le moi ne parvienne plus à maintenir ce refus : il est alors « vaincu par la représentation obsédante ». Cette défaite révèle une autre configuration pathologique, par exemple une « mélancolie épisodique du moi » *(Melancholie des Ich episodisch)* [13]. Autrement dit, le rapport différentiel du moi à l'idée obsédante et à la culpabilité qui lui est attachée met au jour un lien entre mélancolie et névrose obsessionnelle.

Nouvelles remarques sur les psychonévroses de défense [14]

Indissociables des représentations et des affects obsédants, les reproches que s'adresse le sujet à lui-même constituent « l'essence » de la névrose obsessionnelle, mais ne sont pas l'apanage de cette affection. En effet, une investigation approfondie permet fréquemment de mettre en évidence l'appartenance de « la soi-disant "neurasthénie périodique" ou "mélancolie périodique" » — ici données comme équivalentes — au « groupe des affects obsédants » — ce qui confirme la parenté de ces deux configurations, en précisant de nouveau le lien de cette parenté et de la culpabilité ; et Freud ne manque pas de noter l'intérêt clinique de cette constatation.

En outre, la « croyance » accordée à la représentation obsédante est à nouveau tenue pour critère de discernement entre névrose obsessionnelle et mélancolie : dans cette dernière, nommée ici « état mélancolique d'épuisement du moi », la croyance du malade est accordée à la représentation obsédante. Dans la lutte qu'il mène contre cette représentation, le moi s'épuise, et s'il finit par être vaincu, c'est parce qu'il se soumet à cette représentation en lui accordant sa croyance, mais il est alors épuisé.

De plus, le fait que cette croyance soit ainsi accordée à la fois dans la mélancolie et « lors de la survenue d'une nouvelle obsession » instaure un lien supplémentaire entre les deux affections : tout se passe comme si l'apparition d'un nouveau symptôme mettait momentanément en question la pathologie d'appartenance du malade, comme si existait un temps pendant lequel se forgeait le « choix » : rester obsessionnel ou devenir mélancolique — en tout état de cause, comme si il y avait un passage possible de la névrose obsessionnelle à la mélancolie, idée que la clinique ne fera que confirmer dans les années suivantes.

---

12. Ce que Freud pressentait depuis longtemps ; cf. Lettre à Martha, du 27.1.1886, in *Correspondance 1873-1939*, Paris, Gallimard, 1979, p. 210 : « ... de mauvaises pensées dont on reconnaît immédiatement qu'elles vous sont étrangères et qu'on ne peut néanmoins empêcher de surgir dans votre esprit. »

13. La distinction entre *episodisch* et *periodisch* est à noter, le second terme, le plus souvent utilisé, indique l'aspect cyclique, le retour périodique de la maladie.

14. Trad. fr. in *Névrose, psychose et perversion*, Paris, PUF, 1973, pp. 61-81 ; cf. pp. 66-72.

Lettre à Fliess n° 46, du 20.5.1896 [15]

Une intuition importante apparaît dans cette lettre : celle du lien entre la mélancolie et le rêve, ici posé par référence aux cas où « l'inhibition de la pensée perd de sa force ».

1897

Le lien entre mélancolie et névrose obsessionnelle s'enrichit à la fois de leur rapport au deuil, et de leur rapport au refoulement.

Manuscrit N, du 31.5.1897 [16]

L'axe, qui sera défini dans *Deuil et mélancolie,* est explicitement annoncé : lorsque meurent les parents, « dans le deuil, les sentiments de remords se manifestent, on se reproche leur mort (c'est ce que l'on décrit sous le nom de mélancolies) ». Autrement dit, le deuil, la névrose obsessionnelle en tant que deuil compliqué de remords et de reproches, et la mélancolie sont ici associés dans un même mouvement, dont le détail ne sera donné qu'en 1915.

Par ailleurs, la recherche des causes de la formation des symptômes et la désignation du rôle déterminant de la libido renforcent le lien entre mélancolie et névrose obsessionnelle : Freud réfère, dans un rapport de causalité peu développé, la mélancolie et la névrose obsessionnelle au refoulement des « impulsions » et à la dépression.

Cette remarque, dans laquelle se trouvent articulées angoisse, dépression et mélancolie, est à retenir tout particulièrement : en effet, dans la même phrase [17], Freud semble *à la fois poser et refuser la spécificité de la dépression.* Dans un premier temps, il établit un lien implicite entre angoisse et dépression, puisqu'il les différencie par référence au refoulement des impulsions, mais simultanément, dans le second temps de la même phrase, il annule quasiment ce qui précède en opposant l'affect-angoisse *(Angst)* à ce qui n'est pas simplement un affect : la « dépression-mélancolie » *(Verstimmung-Melancholie) — comme si l'affect pouvait être opposé au syndrome,* ce qui est d'autant plus surprenant

15. In *Naissance de la psychanalyse, op. cit.,* pp. 145-148 ; cf. p. 148.

16. In *Naissance de la psychanalyse, op. cit.,* pp. 183-186 (pp. 221-223).

17. Il convient ici, pour pallier une erreur de la traduction publiée dans la *Naissance de la psychanalyse,* de restituer le texte allemand, et de proposer une traduction plus exacte que j'utiliserai dans le commentaire de cette phrase : « *Die Verdrängung von Impulsen scheint nicht Angst zu ergeben, son vielleicht Verstimmung-Melancholie* » (p. 223) : « Le refoulement des impulsions ne semble pas produire de l'angoisse, mais peut-être seulement de la dépression-mélancolie. » L'erreur — traduire *Impulsen* par « pulsions » — ne modifie toutefois pas le sens de mon propos, puisque ce qu'il m'importe de souligner, c'est le glissement opéré par Freud du symptôme au syndrome.

qu'en 1895, en affirmant que « la mélancolie se combine typiquement avec une angoisse grave », il attribuait bien à l'une comme à l'autre leur catégorisation respective.

De là à penser que c'est la place de la dépression/ *Verstimmung* qui fait difficulté, il n'y a qu'un pas, qui relance la question de l'apparente impossibilité de Freud à théoriser la dépression.

Ceci dit, les travaux ultérieurs de Freud, qui interrogeront l'articulation entre refoulement et idéal du moi, approfondiront ce qui apparaît, en 1897, comme une intuition énigmatique, et ouvriront la voie aux hypothèses qui désignent les dépressions comme « maladies de l'idéal ».

1899

La clinique renforce le lien entre mélancolie et névrose obsessionnelle.

Lettre à Fliess n° 102, du 16.1.1899 [18]

Un commentaire de cas renforce l'évidence clinique de la proximité entre mélancolie et névrose obsessionnelle.

A propos d'une patiente « sans cesse plongée dans le désespoir *(Verzweifelt)* par la triste conviction de n'être bonne à rien, incapable de faire quoi que ce soit », Freud mentionne, à côté de la mélancolie, « certains états analogues, où il lui est impossible de choisir un chapeau, une robe ».

Si l'on rapporte cette observation aux élaborations, énoncées quelque dix ans plus tard, sur les raisons pour lesquelles l'obsessionnel est dans l'impossibilité de se décider [19], la névrose obsessionnelle trouve une articulation supplémentaire à la mélancolie.

En résumé, la lecture des premières élaborations freudiennes permet de considérer qu'en 1899, sont acquises, ou préfigurées :

— la parenté de la mélancolie et de la névrose obsessionnelle par rapport à une théorie de l'angoisse, de la culpabilité et du deuil, ainsi que par rapport à leur clinique ;

— la possibilité de distinguer — tout en reconnaissant que cette distinction est, et demeure mouvante — la mélancolie et la dépression.

---

18. In *Naissance de la psychanalyse, op. cit.*, pp. 242-243 (pp. 291-292).

19. Cf. Freud S. (1909), « Remarques sur un cas de névrose obsessionnelle (L'homme aux rats) », trad. fr. in *Cinq psychanalyses,* Paris, PUF, 1970, pp. 199-261.

2. ENTRE 1900 ET 1915

Certains textes de cette période sont à mentionner, soit pour les précisions qu'ils apportent tant sur la mélancolie que sur la névrose obsessionnelle, soit pour les concepts qu'ils introduisent et qui vont se révéler indispensables à l'élaboration d'une métapsychologie de la mélancolie.

1907 — *Actions compulsionnelles et exercices religieux* [20]

L'analyse des actions compulsives qui tissent la névrose obsessionnelle met en évidence l'angoisse « intolérable » qui se déclenche dès que le cérémonial établi n'est pas respecté.

Autrement dit, déjà centrale à la mélancolie, l'angoisse est au cœur de la névrose obsessionnelle.

1909 — *Remarques sur un cas de névrose obsessionnelle* [21]

L'analyse d'un cas de névrose obsessionnelle apporte de multiples indications sur les mécanismes de cette affection.

Angoisse, auto-reproches, culpabilité constituent la trame de la vie psychique de l'homme aux rats, qui souffre principalement — lorsqu'il vient consulter Freud — d'« appréhensions » et d'« interdictions » qui surgissent en lui.

Dans ce texte, sont de plus explicités certains aspects de mécanismes précédemment repérés :

— l'étrangeté des pensées qui traversent l'esprit, sans être reconnues par le sujet comme lui appartenant, est maintenant nommée — suivant l'expression célèbre qui est celle de l'homme aux rats lui-même, celle qu'il a utilisée pendant la première séance de son analyse [22] — « inquiétante étrangeté ». Une importance déterminante lui est attribuée dans la névrose obsessionnelle. [23]

— la nature et la durée du chagrin éprouvé par l'homme aux rats à la suite de la mort de son père montrent qu'il s'agit d'un deuil pathologique. Le fait que ce chagrin soit considéré par Freud comme la « source principale » de la maladie est un indice de l'intrication entre névrose obsessionnelle et deuil pathologique. [24]

— l'incertitude et le doute correspondent à un « besoin psychique » des obsessionnels [25], ce qui explique qu'ils « essayent de retarder toute

20. Trad. fr. in *Névrose, psychose et perversion,* Paris, PUF, 1973, pp. 133-142.

21. « Remarques sur un cas de névrose obsessionnelle (L'homme aux rats) », *op. cit.*

22. Freud S. (1909), *L'homme aux rats — Journal d'une analyse,* trad. fr. Paris, PUF, 1974. Cf. la première séance, du mercredi 2 octobre, p. 38.

23. « Remarques sur un cas de névrose obsessionnelle (L'homme aux rats) », *op. cit.,* pp. 204-207.

24. *Ibid.,* pp. 219-220.

25. *Ibid.,* p. 250.

décision »[26]. L'« aboulie partielle » et l'« incapacité de décision » qui les caractérisent sont le résultat de l'opposition entre un amour et une haine tous deux aussi intenses, et dirigés vers un même objet ; et si, au départ, l'indécision apparaît « dans toutes les actions où le motif efficient est l'amour », elle s'étend ensuite au reste de l'activité, et même « à chaque intention d'agir ».[27]

1910 — *Discussion sur le suicide*[28]

La discussion sur le suicide, à la Société Psychanalytique de Vienne, conduit Freud à affirmer que « l'accès au complexe du suicide... réside dans la *mélancolie* », dont il précise, à l'époque, que le mécanisme « n'a pas encore été examiné du tout ».

Bien sûr, on connaît déjà le rôle de la culpabilité dans la mélancolie, mais dans la mesure où le sentiment de culpabilité est « présent dans toutes les névroses », c'est dans le « mécanisme » de la mélancolie que sa spécificité est à rechercher[29].

De cette riche discussion, je ne retiens ici que l'injonction de Freud à élucider le *mécanisme* de la mélancolie, injonction qui témoigne de la mutation radicale qu'opère la pensée freudienne par rapport à la tradition psychiatrique, et dont on peut supposer qu'elle a inspiré la conférence prononcée par Abraham à Weimar, l'année suivante.

1914

Nombre d'éléments incitent à penser que la métapsychologie de la mélancolie a été conçue par Freud au cours de cette année.

Certains des concepts qui participent à l'élaboration de cette métapsychologie apparaissent ou se déploient, en effet, dans *Pour introduire le narcissisme*[30] :

a) *le narcissisme,* qui caractérisera le type de relation à l'objet perdu dans la mélancolie, et permettra un nouvel éclairage du phénomène du deuil.

En effet, si les mécanismes en jeu dans le deuil ont très tôt, et toujours, suscité l'intérêt de Freud, deux périodes peuvent être distinguées

25. *Ibid.,* p. 250.
26. *Ibid.,* p. 253.
27. *Ibid.,* p. 256.
28. Séances des 20 et 27 avril 1910, in *Les premiers psychanalystes — Minutes de la Société psychanalytique de Vienne,* T. II, 1910, trad. fr. Paris, Gallimard, 1978, pp. 467-493.
29. *Ibid.,* pp. 491-492.
30. Freud S. (1914), « Pour introduire le narcissisme », trad. fr. in *La vie sexuelle,* Paris, PUF, 1969, pp. 81-105.

dans son œuvre, le tournant se situant autour de la conceptualisation du narcissisme :

— jusqu'en 1914, il voit avant tout le deuil comme une situation qui engendre la culpabilité du fait de l'ambivalence inconsciente à l'égard de l'objet perdu [31] ;

— à partir de 1914, il considère la perte comme une atteinte narcissique ; et le deuil consécutif à cette perte essentiellement comme un état de repli narcissique, allant même jusqu'à indiquer que l'ambivalence détermine l'instauration d'un deuil pathologique.

Autrement dit, Freud désigne les deux moteurs du deuil [32] — narcissisme et ambivalence —, mais tout se passe comme si l'un évinçait l'autre : l'importance de l'ambivalence est en effet écartée au profit de la problématique narcissique, et il faut attendre la théorisation kleinienne pour que soit réévaluée l'ambivalence, au détriment cette fois de l'importance du narcissisme.

b) *le moi-idéal,* instance rapidement délaissée par Freud, peu fréquemment reprise par la suite, et dont la réévaluation paraît essentielle à la mise en évidence d'une spécificité de la dépression.

c) *l'idéal du moi,* instance dont les perturbations seront, dès 1915, au centre du mécanisme de la mélancolie — centralité qui se confirmera lorsque sera forgé, en 1923, le concept de surmoi.

d) *le terme de névrose narcissique* qui permet de toujours maintenir, dans la théorie psychanalytique, une distinction entre la mélancolie et les psychoses. Si dans un premier temps, ce terme subsume les affections où prévaut la relation narcissique, à partir de 1924, il désigne exclusivement les affections de type mélancolique.

Par ailleurs, les interventions de Freud à la séance de la Société psychanalytique de Vienne consacrée à la mélancolie [33] montrent

31. Cf. par exemple : Lettre à Fliess, n° 50, du 2.11.1896, in *Naissance de la psychanalyse, op. cit.*, p. 152 ; « Manuscrit N » du 31.5.1897, in *ibid.*, p. 183. Et bien sûr, *Totem et tabou,* trad. fr. Paris, Payot, 1973, qui développe notamment la question de l'ambivalence à l'égard du mort.

32. Il est intéressant de remarquer que l'anthropologie, avec ses propres termes, a dégagé les mêmes constantes à partir des études menées sur les rituels de deuil : conservation du mort et peur à l'égard du mort. La transposition opérée par la théorie freudienne quant à ces constantes du fonctionnement psychique devant la mort manifeste que le concept psychanalytique de deuil est dérivé du deuil tel que le définit l'anthropologie : conservation du mort/narcissisme, peur à l'égard du mort/ambivalence.

33. Séance du 30.12.1914 au cours de laquelle V. Tausk a présenté un exposé sur la mélancolie, in *Les premiers psychanalystes,* T. IV, trad. fr. Paris, Gallimard, 1983, pp. 308-312. Pendant la discussion, H. Nunberg soulève la question de savoir comment concilier cette approche avec les travaux de Kraepelin, et notamment avec la différenciation entre « la mélancolie en tant que telle » et « la mélancolie qui apparaît au cours d'autres maladies ». A cela, Freud répond que c'est le « mécanisme » qui est « le critère essentiel selon lequel il faut circonscrire les symptômes... et les formes de la maladie », et il ajoute qu' « il n'y a qu'*une seule* mélancolie, qui a le même mécanisme et qui devrait être guérissable par la psychanalyse » (*ibid.*, p. 311).

combien, à la fin de l'année 1914, son travail sur la question est déjà avancé.

Enfin, on ne saurait oublier que le manuscrit de *Deuil et mélancolie* a été achevé en mai 1915, comme en témoigne la lettre adressée à K. Abraham le 4 mai [34].

Autrement dit, la conception de la métapsychologie de la mélancolie est concomitante et indissociable de la théorisation du narcissisme et des instances idéales. Et de fait, les précisions et idées nouvelles apportées dans les textes qui traitent de la mélancolie après 1915 confirment, nous le verrons, ce qui a été précédemment établi, et le consolident même en introduisant, au fur et à mesure, les conceptualisations nouvelles, notamment la deuxième topique et la deuxième théorie des pulsions.

Et si, après 1924, Freud ne consacre plus de travail à l'étude de la mélancolie ou de la névrose obsessionnelle, les textes qu'il écrit au cours des quinze dernières années de sa vie contiennent de nombreuses indications qui renforcent l'idée selon laquelle les rapports du moi avec ses instances idéales sont une des voies possibles d'élucidation différentielle des configurations mélancolique, obsessionnelle et dépressive.

---

34. In S. Freud — K. Abraham, *Correspondance 1907-1926, op. cit.*, p. 225.

V

Mise en perspective du modèle

C'est l'article *Deuil et mélancolie* qui fonde la parenté métapsychologique de la mélancolie et de la névrose obsessionnelle. Si auparavant en effet, ces deux configurations sont associées par de multiples liens dans les textes freudiens, à partir de 1915, elles se trouvent explicitement inscrites sur un même axe — que l'on peut désigner comme l'axe des complications du deuil — et le mécanisme de la mélancolie est décrit dans sa complexité.

La modélisation que je propose — construire une théorie du syndrome dépression sur le modèle de la théorie de la mélancolie — requiert, ici encore, d'exposer préalablement les éléments du modèle freudien qui seront utilisés [1], et de restituer aux échanges avec K. Abraham la part qui leur reviennent dans les travaux de Freud sur la mélancolie, comme celui-ci d'ailleurs, n'a pas manqué de le faire.

1. L'AXE DES COMPLICATIONS DU DEUIL

L'idée de comprendre le mécanisme de la mélancolie en le comparant à celui du deuil était en germe lorsqu'en 1895, Freud affirmait que

1. L'ensemble des éléments exposés dans les § 1 et 2 ci-après sont présentés par Freud dans « Deuil et mélancolie » (1917-*1915*), trad. fr. in *Métapsychologie,* Paris, Gallimard, 1968, pp. 147-174.

« l'affect qui correspond à la mélancolie est celui du deuil, c'est-à-dire le regret amer de quelque chose de perdu » [2].

Vingt ans plus tard, il différencie trois réactions à la perte, et les relie entre elles sur ce qui se désigne comme un « axe de complications » : du deuil « normal » à la mélancolie, avec une forme intermédiaire, le deuil « pathologique » [3]. Cette forme intermédiaire entretient une relation privilégiée avec la névrose obsessionnelle : une perte survenant dans la vie d'un obsessionnel provoque un deuil pathologique ; ou encore, le deuil pathologique correspond notamment à la complication du deuil que connaît l'obsessionnel lorsqu'il est confronté à la perte.

En 1915 donc, c'est la perte qui relie la mélancolie et la névrose obsessionnelle au deuil, ce que précise la description des trois constellations :

— la mélancolie suppose trois conditions : la perte d'un objet, l'ambivalence à l'égard de l'objet perdu, et la régression de la libido dans le moi ;

— le deuil pathologique ne requiert que les deux premières [4] ;

— quant au deuil désigné par Freud comme « normal », il est la réaction à la perte d'un objet d'amour, phénomène qui demeure problématique et énigmatique même s'il « nous semble non pathologique pour la seule raison que nous savons si bien l'expliquer » [5].

Tel qu'il est donné en 1915 — et il ne sera pas modifié — ce schéma ne semble pas accorder de place spécifique au syndrome dépression. Et pourtant, le terme « dépression » est doublement et différemment présent au texte. La désignation de deux sortes de dépressions y affleure en effet : les « dépressions névrotiques-obsessionnelles », qui s'apparentent au deuil pathologique sans toutefois se superposer à lui et sans que soient explicités leurs rapports à la névrose obsessionnelle ; et les « dépressions mélancoliques », qui s'apparentent à la mélancolie, qui en paraissent même à première vue indissociables, mais que rien n'autorise à dire qu'elles en sont l'exact équivalent.

Dans le souci maintenu de partir des modèles freudiens pour spécifier la dépression, laissons-nous guider par l'importance que Freud accorde au mécanisme de la mélancolie, pour ensuite éclairer les impli-

---

2. « Manuscrit G », in *Naissance de la psychanalyse, op. cit.*, p. 93.

3. L'intérêt de ce concept a été souligné par D. Lagache. Cf. « Deuil pathologique », in *La psychanalyse,* 1956, 2, pp. 45-74.

4. « Là, c'est l'ambivalence qui est sans aucun doute le ressort du conflit » (« Deuil et mélancolie », *op. cit.*, p. 173) ; ou encore : « Là où la prédisposition à la névrose obsessionnelle est présente, le conflit ambivalentiel confère de ce fait au deuil une forme pathologique... nous sommes en présence de ce que le conflit ambivalentiel produit à lui seul lorsque ne s'y ajoute pas le retrait de la libido » (*Ibid.*, pp. 160-161).

5. *Ibid.*, p. 159.

cations potentielles de la double polarité du terme « dépression » dans le texte freudien.

2. LE MÉCANISME DE LA MÉLANCOLIE EN 1915

La perte

La perte réelle — c'est-à-dire la mort d'un objet d'amour — comme événement déclenchant du deuil est à l'origine de la comparaison entre deuil et mélancolie, sans parler des ressemblances que présentent l'endeuillé et le mélancolique.

La clinique met cependant en évidence que les causes de la mélancolie ne sauraient être limitées à la perte réelle d'un objet. Dans certains cas, en effet, la perte n'est pas identifiable en tant que telle. Ces cas conduisent à s'interroger sur ce qui a été perdu, et introduisent l'idée d'une perte qui échappe à la conscience.

On est ainsi à même de saisir que, contrairement à ce qui se passe dans le deuil, la perte dont souffre le mélancolique ne concerne pas tant l'objet perdu que son moi ; et l'on en vient à envisager que, même lorsque le mélancolique croit savoir « qui » il a perdu, il ne sait pas « ce » qu'il a perdu au décours de cette perte apparemment déclenchante de son état.

L'ambivalence

L'ambivalence vis-à-vis de l'objet d'amour, composante essentielle du fonctionnement psychique dont aucune relation n'est exempte, est réactivée par la perte de cet objet.

Plus l'ambivalence est forte — et surtout inconsciente —, plus les reproches adressés à l'objet sont intenses. Mais ces reproches se transforment et s'inversent, du fait notamment d'être inconscients, en auto-reproches selon lesquels c'est celui qui est abandonné qui est responsable, parce que, à son insu, il a désiré la mort de l'objet.

Le conflit ambivalentiel, particulièrement actif dans la névrose obsessionnelle, est le moteur du deuil pathologique ; il est une condition nécessaire, mais non suffisante, de la mélancolie.

La diminution du sentiment d'estime de soi : infériorité et culpabilité

Le tableau clinique de la mélancolie, dans sa comparaison avec celui du deuil, met en évidence une différence qui introduit l'idée du caractère narcissique de cette affection.

Si l'on s'en tient au simple point de vue descriptif, et avant de rechercher le mécanisme sous-jacent, on constate en effet que ce qui caractérise la mélancolie, c'est le trouble du sentiment d'estime de soi. Ce constat n'est pas sans rapport avec la désignation de la mélancolie comme névrose narcissique, et éclaire en outre la dénomination, tout à fait actuelle, des dépressions comme pathologies du narcissisme.

Dépendant de la libido narcissique, comme l'a montré Freud en 1914, le sentiment d'estime de soi peut être exacerbé, ou au contraire diminué — ce qui importe ici étant les raisons de sa diminution dans la mélancolie.

Si son accroissement est lié à la toute-puissance infantile, sa diminution, elle, est associée à la perception qu'a le moi de son impuissance, et désignée comme l'une des sources des sentiments d'infériorité — leur source principale restant l'appauvrissement du moi lorsqu'il est privé ou dépourvu d'investissements libidinaux.

Ici s'enracine le lien intrinsèque posé ensuite entre infériorité et culpabilité.

En 1915 ce qui est mis en évidence, chez le mélancolique, c'est une diminution « extraordinaire » du sentiment d'estime de soi, un « immense » appauvrissement du moi, moi vécu et/ou dépeint par le malade en termes de vide, de non valeur, d'incapacité, etc. Et si le lien entre infériorité et culpabilité se trouve renforcé, au regard du sentiment d'estime de soi, c'est par le repérage de l'aspect moral des critiques que s'adresse le mélancolique.

Une fois encore, c'est la compréhension du mécanisme à l'œuvre qui apporte une explication : si les reproches que se fait le mélancolique correspondent si peu et si mal à ce qu'il est, c'est parce qu'en fait ils s'appliquent à une autre personne qui est ou a été pour lui objet d'amour. Ce qui s'exprime sous forme d'auto-reproches, ce sont des reproches que le mélancolique adresse à un objet, mais qui se sont « renversés » sur son moi ; d'où l'absence de honte qu'il manifeste, et qui s'élucide dès lors que l'on sait que ce n'est pas de lui dont il parle.

Le retrait de la libido de l'objet et son retour sur le moi

Là encore, la compréhension du fonctionnement mélancolique ne peut être appréhendée indépendamment des propositions formulées en 1914 sur le narcissisme. En effet, elle fait appel :

— d'une part, à la distinction entre libido du moi et libido d'objet : dans la mélancolie, la libido qui était investie sur l'objet n'est pas, lorsque celui-ci est perdu, déplacée sur un autre objet ; elle est « retirée » dans le moi ;

— d'autre part, à la notion de choix d'objet narcissique : dans la mélancolie, la perte fait apparaître que l'investissement d'objet était peu résistant. Or, cette faible résistance est en contradiction avec la forte fixation à l'objet, contradiction qui ne s'explique que par le fait que le choix d'objet s'est produit sur une base narcissique.

L'identification narcissique et l'incorporation de l'objet

Le mécanisme de l'identification narcissique est au centre de la spécification de la mélancolie [6].

La libido libre — devenue sans objet du fait de la perte de l'objet — revient dans le moi qui l'utilise pour établir une identification avec l'objet abandonné.

Cette identification narcissique avec l'objet, qui est la forme la plus originaire de la relation à l'objet, vient dans la mélancolie se substituer au choix d'objet, ce qui implique une régression à la phase orale cannibalique du développement. L'identification narcissique correspond à une incorporation de l'objet, celle-ci garantissant dans un même mouvement la destruction et la conservation de cet objet [7]. Elle permet l'abandon de l'objet, mais assure le maintien de la relation à lui — relation d'amour qui évolue, sous l'action de l'ambivalence, en relation sadique.

Et une fois l'objet perdu incorporé dans le moi, une fois établie l'identification narcissique avec l'objet perdu, la haine vis-à-vis de cet objet se transforme en haine contre le moi.

La conscience morale

La reconnaissance d'une instance psychique dont le rôle est d'observer le moi, de le confronter et de le mesurer à son idéal, et d'assurer

6. C'est dans un chapitre *rajouté en 1915* à la deuxième partie des *Trois essais sur la théorie de la sexualité* que Freud décrit le plus précisément le rapport entre incorporation et identification (*op. cit.*, cf. pp. 95-96).
Par ailleurs, suivant au plus près les formulations successives de Freud, j'utilise tantôt le terme d'incorporation, tantôt celui d'introjection. Cf. à ce sujet la distinction essentielle introduite par S. Ferenczi (1912, « Le concept d'introjection », trad. fr. in *Œuvres complètes,* T. I, Paris, Payot, 1968, pp. 196-198), et approfondie par N. Abraham et M. Torok (« Maladie du deuil et fantasme du cadavre exquis », in *L'écorce et le noyau,* Paris, Aubier Montaigne, 1978, pp. 229-251).

7. Ainsi que Freud le redit en 1920, dans une formule tout à fait éclairante : « au stade d'organisation orale de la libido, l'emprise amoureuse sur l'objet coïncide encore avec l'anéantissement de celui-ci » (« Au-delà du principe de plaisir », *op. cit.,* p. 102). Sur ce point, cf. l'article de P. Fédida, « Le cannibale mélancolique », in *L'absence,* Paris, Gallimard, 1978, pp. 61-67.

ainsi sa satisfaction narcissique, est largement engagée en 1914. A cette date, elle est engagée au titre des rapports complexes entre estime de soi/idéal du moi/refoulement d'une part, entre idéalisation/sublimation d'autre part.

Cette instance psychique qui exerce une action critique est séparée du moi par clivage, clivage plus ou moins accentué, mais particulièrement important dans la mélancolie où une partie du moi s'oppose à l'autre, où le moi se traite comme un objet, du fait notamment de l'identification narcissique à l'objet perdu.

Désignée par le terme de conscience morale — et reliée à l'idéal du moi en 1915, puis, à partir de 1923, au surmoi — cette instance joue un rôle déterminant dans la mélancolie (et la névrose obsessionnelle), et éclaire la présence si active de la culpabilité.

Le renversement de la mélancolie en manie

La clinique donne à observer que les symptômes de la mélancolie s'inversent parfois en leur contraire, autrement dit que la mélancolie peut se « renverser » en manie.

Lorsque les phases mélancoliques et maniaques alternent de façon régulière, on est en présence d'une « folie cyclique » (maniaco-dépression, souvent nommée aujourd'hui affection « bipolaire »).

Mais cette étrange faculté de la mélancolie n'est que potentielle : certains patients mélancoliques ne connaissent jamais d'épisodes maniaques.

Je reviendrai sur les hypothèses que Freud formule à propos de cette « particularité la plus singulière » de la mélancolie [8].

3. LA REDÉFINITION DE LA MÉLANCOLIE EN 1921 [9]

Dans le texte de 1915, Freud n'a pas manqué de souligner le caractère parfois insaisissable de la perte à l'origine de l'instauration de certains états mélancoliques. Perte échappant à la conscience, perte concernant le moi plutôt que l'objet perdu, diverses pistes sont alors ouvertes pour tenter d'élucider ce qui est en jeu lorsqu'aucune circonstance extérieure repérable ne peut être rationnellement considérée comme facteur déclenchant.

En 1921, la recherche des raisons qui expliqueraient les oscillations périodiques, « spontanées », de l'humeur dans les troubles cycliques conduit Freud à désigner deux sortes de mélancolie, qui toutes deux

8. Voir pp. 129-137.

peuvent — ici encore potentiellement mais pas nécessairement — se renverser en manie :

— les *mélancolies psychogènes* dans lesquelles « les circonstances jouent ouvertement un rôle étiologique. Ce sont les mélancolies consécutives à la perte d'un objet aimé, que ce soit du fait de la mort de celui-ci ou par suite de situations qui ont contraint la libido à se retirer de l'objet » ; [10]

— les *mélancolies apparemment spontanées,* où la cause déclenchante n'est pas repérable, où « les circonstances extérieures ne semblent jouer aucun rôle déterminant ; en fait de motifs intérieurs, on ne retrouve chez ces malades rien de plus ni rien d'autre que chez tous les autres ». [11]

C'est cette redéfinition de 1921 que j'utiliserai pour spécifier le syndrome dépression sur le modèle freudien de la mélancolie.

4. QUELQUES ASPECTS DE L'APPORT DE KARL ABRAHAM

La conférence de Weimar en 1911 [12]

Dès 1911, l'intérêt d'Abraham pour la « maniaco-dépression », forme bipolaire de la maladie, est manifeste. S'il utilise une terminologie quelque peu différente de celle de Freud, on retrouve sous le nom de « psychose dépressive » ou « état dépressif » la forme unipolaire de la maladie, et ces termes recoupent la « mélancolie » des textes freudiens, la nuance immédiate entre mélancolie et dépression étant l'intensité du trouble.

A cette époque, deux parentés se dégagent de l'expérience clinique d'Abraham :

— La parenté entre névrose obsessionnelle et psychose dépressive (mélancolie) : il s'agit d'une parenté de structure. La différence entre les deux affections est référée à leur évolution : il y a création et poursuite de buts substitutifs dans la première, projection s'associant au refoulement dans la seconde. Mais à l'époque, malgré cette tentative de spécification, seule la similitude de leur psychogenèse est acquise. Ce qui survient à partir de là, et qui permettrait d'expliquer les évolutions respectives des deux états, n'est pas encore élucidé.

---

9. Cf. « Psychologie des foules et analyse du moi », *op. cit.,* notamment pp. 201-204.
10. *Ibid.,* p. 203.
11. *Ibid.,* p. 202.
12. Publiée en 1912 : « Préliminaires à l'investigation et au traitement psychanalytique de la folie maniaco-dépressive et des états voisins », *op. cit.*

— La parenté entre manie et mélancolie/dépression : lorsque leurs manifestations sont examinées à l'aide de la psychanalyse, on constate que les deux phases de la maladie circulaire sont issues des mêmes « complexes ». Tous les symptômes de l'une se retrouvent dans l'autre, mais sous leur forme inversée. Ce qui fait la différence, c'est la position du malade à l'égard de ces complexes.

Par ailleurs, compte tenu de la parenté entre mélancolie et névrose obsessionnelle, cette parenté entre mélancolie et manie laisse supposer qu'il existe nécessairement un lien entre névrose obsessionnelle et manie — ce que confirme la ressemblance de la manie avec le fonctionnement psychique de l'enfant.

La correspondance avec Freud [13]

La longue lettre qu'Abraham adresse à Freud le 31.1.1915, après avoir lu le premier manuscrit de *Deuil et mélancolie,* contient de nombreuses intuitions dont certaines sont, et resteront propres à Abraham ; elle problématise plusieurs points de façon si pertinente que Freud reconnaît volontiers s'en être largement inspiré pour la rédaction définitive de son article (lettre du 4.5.1915). Et lorsqu'Abraham prend connaissance des épreuves de l'article, en 1918, il fait part à Freud du plaisir qu'il a éprouvé en voyant que ses idées ont été prises en compte, notamment celle du « fantasme d'incorporation » (lettre du 16.4.1918).

La question de la mélancolie et de la maniaco-dépression ne cesse pas pour autant d'intéresser Abraham. Il poursuit sa recherche, qu'alimente sa pratique clinique. C'est ainsi que le 13.3.1922, il communique à Freud une observation essentielle : le deuil semble déclencher fréquemment un accroissement de libido, constatation fondamentale pour repenser deuil et mélancolie en fonction de la constellation maniaque.

Mais cette constatation contredit quelque peu la conception développée par Freud en 1915, et elle donne lieu à un échange de lettres étonnant entre les deux hommes [14].

Il reste à déplorer que, dans sa fidélité sans faille à Freud, Abraham renonce — du moins partiellement — à explorer les perspectives qu'ouvrait sa découverte. Il remanie même ses intuitions jusqu'à parvenir, en quelque sorte, à rejoindre Freud, à apporter confirmation aux idées du

13. In S. Freud - K. Abraham, *Correspondance 1907-1926, op. cit.* ; Lettres citées : du 31.1.1915, pp. 219-223 ; du 4.5.1915, pp. 224-226 ; du 16.4.1918, p. 278 ; du 13.3.1922, pp. 332-334 ; du 26.11.1923, pp. 348-349.

14. Lettre d'Abraham du 13.3.1922, Lettre de Freud du 30.3.1922, Lettre d'Abraham du 2.5.1922, Lettre de Freud du 28.5.1922, *ibid.*, pp. 332-336. Selon l'expression de M. Torok, cet échange de lettres manifeste un « malentendu révélateur » (« Maladie du deuil et fantasme du cadavre exquis », *op. cit.*, p. 229).

maître, quitte à abandonner son propre point de vue. Et non seulement il y parvient, mais il s'en félicite, par exemple dans la lettre qu'il lui adresse le 26.11.1923.

Il faudra attendre Melanie Klein pour que soit réintroduite cette observation.

Une « curieuse expérience clinique » [15]

Une mention spéciale doit être réservée au cas d'un patient mélancolique en traitement chez Abraham. L'épisode rapporté à Freud par Abraham met, en effet, en évidence l'incidence clinique et thérapeutique du lien entre mélancolie, dépression et névrose obsessionnelle.

Pendant un voyage d'Abraham, le patient se trouve déçu par sa fiancée, ce qui déclenche en lui une réaction dépressive. A son retour, Abraham diagnostique le « début d'une nouvelle dépression ». Il intervient alors « rapidement » et constate qu'« en l'espace de quinze jours, et avec une netteté grandissante de jour en jour, la mélancolie s'est transmuée en névrose obsessionnelle ». Le patient peut reprendre son travail, et Abraham commente : « j'ai l'impression que j'ai réussi à faire dévier une mélancolie à l'état naissant vers une forme de maladie relativement moins fâcheuse ».

Autrement dit, la prise en soin d'un accès mélancolique à son début, ou plus précisément avant même qu'il ne se déclenche, avant que la réaction dépressive ne se complique en mélancolie, permet de l'éviter, de le « transmuer » en névrose obsessionnelle. Ce qui démontre non seulement que ces deux affections participent bien, du point de vue dynamique, d'une similitude intrinsèque, mais que la mélancolie correspond à un degré supérieur de gravité de la névrose obsessionnelle, et surtout que la dépression tient une place spécifique, et en quelque sorte charnière, entre les deux.

Par référence au schéma freudien de 1915, on retrouve la trajectoire qui pose la mélancolie comme une complication de la névrose obsessionnelle. Le passage potentiel de l'une à l'autre, repérable dans la clinique, confirme ainsi la théorie. Quant au point à retenir ici, c'est que l'observation d'Abraham ouvre la possibilité d'inscrire la dépression sur l'axe des complications du deuil.

---

15. Cf. Lettre d'Abraham du 7.10.1923, in S. Freud - K. Abraham, *Correspondance 1907-1926*, *op. cit.*, p. 345.

L'article de 1924 [16]

Dans cet article, Abraham réaffirme le lien entre mélancolie et névrose obsessionnelle, et présente une argumentation enrichie de ses travaux sur les étapes du développement de la libido, argumentation dont plusieurs points sont à noter :
— l'évolution des états maniaco-dépressifs est intermittente, celle des états obsessionnels est chronique ;
— chez l'obsessionnel, la relation d'objet est maintenue, chez le mélancolique, elle est rompue ; autrement dit, la perte de l'objet menace l'obsessionnel, elle est accomplie chez le mélancolique ;
— dans toutes les situations où affleure le danger de la perte, les manifestations obsessionnelles expriment les tendances conservatrices (garder et soumettre), tandis que les manifestations mélancoliques mettent en scène les tendances sadiques-anales (détruire et rejeter) ; les tendances hostiles étant plus précoces que les tendances conservatrices, la régression est plus importante dans la mélancolie ;
— le lien entre manie et mélancolie d'une part, manie et deuil normal d'autre part, est évoqué principalement par rapport à l'explosion libidinale qui suit la perte ;
— la thérapeutique analytique met en évidence la proximité des états étudiés ; autrement dit, la clinique illustre la parenté désignée dans les élaborations théoriques.

---

16. Abraham K., « Esquisse d'une histoire du développement de la libido basée sur la psychanalyse des troubles mentaux » (1924), in *Œuvres complètes,* T. II, Paris, Payot, 1965, pp. 255-313.

VI

Mise en question du modèle

La richesse et la complexité de l'appareil conceptuel progressivement forgé pour rendre compte du mécanisme de la mélancolie potentialisent l'interrogation de départ : pourquoi Freud a-t-il laissé dans l'ombre la question des dépressions ?

Cette interrogation se redouble de trois constatations dont chacune, après coup, vient réinscrire la négativité au centre de la problématique paradoxale de la dépression.

1. LES « FAUX SYNONYMES »

La plupart des concepts qui servent à caractériser ou à problématiser la mélancolie et la névrose obsessionnelle sont des concepts qui ont, dans l'œuvre freudienne, ce que je nommerai de faux synonymes.

On constate en effet, et de façon insistante, que ces concepts sont *toujours apparemment associés à d'autres concepts, mais sans y être jamais réellement superposés, et pourtant, tout en n'en étant jamais radicalement dissociés.*

J'évoque ici, principalement, l'intrication entre :
— idéal du moi et moi-idéal d'une part, idéal du moi et surmoi d'autre part ;
— culpabilité et infériorité ;

— ce à quoi s'ajoute ce qui a fait l'objet de la première partie de ce livre : le concept d'angoisse est utilisé pour désigner deux réponses à la perte qu'il est difficile, sinon impossible, de considérer comme équivalentes.

En d'autres termes, tout se passe comme si, entre ces concepts utilisés parfois l'un pour l'autre tout en faisant ailleurs l'objet de nuances souvent importantes, venait se glisser la spécificité de la dépression.

Cette remarque constitue un indice à travailler dans une perspective précise : ces apparentes « imprécisions » sont en fait en prise sur la problématique des dépressions, et dans un rapport à définir avec la « non-théorisation » des dépressions par Freud.

2. LES « QUESTIONS SANS RÉPONSE »

C'est sur une question posée par Freud en 1923, et laissée sans réponse, que j'ai proposé de fonder la spécificité économique de l'affect dépression par rapport à l'affect angoisse.

De la même façon, la spécification du syndrome dépression passe par la construction de « réponses » à des questions ouvertes par Freud.

***a)* Une question économique,** proche de celle qui a permis la distinction angoisse/dépression, ce qui ne saurait surprendre puisque l'affect dépression est au cœur du syndrome dépression.

L'intérêt de cette reprise réside dans sa mise en parallèle avec l'intuition de Freud, en 1895, d'une différence entre les mécanismes qui engendrent, selon les cas, une mélancolie anxieuse ou une mélancolie neurasthénique [1]. Bien que formulée en d'autres termes, et vingt-huit ans auparavant, l'interrogation est, en effet, la même.

Confronté à la diversité des formes cliniques répondant à la perte, Freud distingue, en 1895, deux configurations, ou plutôt deux méca-

1. Voir pp. 75-77, la lecture que j'ai proposée du *Manuscrit G.* Compte tenu de l'importance que j'accorderai au temps dans la dernière partie, il est intéressant de noter qu'en 1890, dans un article précurseur à maints égards (« Traitement psychique », trad. fr. in *Résultats, idées, problèmes,* T. I, Paris, PUF, 1984, pp. 1-23), Freud s'interroge sur l'état psychique de l'*attente,* qui retient son attention pour l'importance qu'on lui accorde dans le déclenchement et l'évolution des maladies somatiques. Il oppose alors l'attente *anxieuse* et l'attente *croyante.* La première, en laquelle se tisse un lien entre la crainte d'être atteint et la vulnérabilité, n'est évoquée que pour mieux décrire la seconde : l'espérance y remplace la crainte, et explique, pour partie, les effets de toutes les interventions thérapeutiques. Mais ce qui est à souligner, ce sont les occurrences où Freud décèle son action la plus manifeste : à savoir, lorsque l'objet auquel l'attente est liée, lorsque l'objet dont la guérison est espérée, est un objet *idéalisé,* « thaumaturges aussi bien humains que divins »,

nismes inverses : le premier où l'excitation est comme en excès (accumulation), le second où elle est comme en défaut (affaiblissement).

La parenté de cette distinction avec celle de 1923 — débordement ou anéantissement — est évidente, et dessine la réponse à proposer :

— *dans la mélancolie, l'excitation est en excès, le danger pour le moi est du côté du débordement ;*

— *dans la dépression, l'excitation est en défaut, le danger pour le moi est du côté de l'anéantissement.*

Autrement dit, en distinguant en 1895 mélancolie anxieuse et mélancolie neurasthénique, Freud ouvre la possibilité de différencier mélancolie et dépression au titre du mécanisme économique, tout comme dans sa question de 1923, il ouvre la possibilité de différencier l'affect angoisse de l'affect dépression.

***b)* Une question topique,** formulée par Freud en 1921, au sujet des rapports entre identification et état amoureux : la difficulté désignée par Freud concerne l'éventualité d'une identification (narcissique) qui n'exige pas le renoncement à l'investissement d'objet, c'est-à-dire qui permette la conservation de l'objet mais n'implique pas sa destruction. Cette « question épineuse » en recouvre en fait une autre, que Freud pressent aussitôt comme plus essentielle, comme à même de rendre compte de « l'essence des faits » : « savoir si l'objet est mis à la place du moi ou de l'idéal du moi [2]. »

---

puisque l'exemple le plus saisissant reste la guérison dite miraculeuse du croyant que j'appellerai « traditionnel » pour mieux insister sur l'identité du mécanisme de croyance qui est à l'œuvre chez les « incroyants » (?), lorsque « Dieu » est remplacé par les « guérisseurs en tout genre », plus répandus aujourd'hui.

Convoquer ce texte de 1890 en association avec la distinction entre mélancolie anxieuse et mélancolie neurasthénique a pour objectif d'avancer l'idée d'*un parallèle entre attente anxieuse et mélancolie d'une part, entre attente croyante et dépression d'autre part,* sans perdre de vue les incidences de cette idée sur une parenté entre dépression et sentiment religieux.

Un autre texte, publié à la même époque (« Un cas de guérison hypnotique » 1892-1893, in *ibid.,* pp. 31-43) reprend la question de l'attente, mais comme affect relié à deux sortes de représentations : « des représentations selon lesquelles je vais faire ceci ou cela, ce qu'on appelle des *projets,* et des représentations selon lesquelles il va m'arriver ceci ou cela, à proprement parler des *attentes* » (p. 36). Deux facteurs déterminent la tonalité de l'affect : « la signification que le dénouement a pour moi » et « le degré d'incertitude dont est marquée l'attente de celui-ci » (p. 36). Si l'on ressaisit la distinction précédente, il est évident que, dans l'attente croyante, le dénouement ne peut être qu'heureux, et la certitude fonction du degré de croyance, c'est-à-dire notamment d'idéalisation.

Avec ce second texte, où l'attente est marquée de passivité (par opposition à l'activité inhérente au projet), le lien entre attente croyante et dépression se trouve renforcé.

2. « Psychologie des foules et analyse du moi », *op. cit.,* p. 179.

La lecture attentive des paragraphes qui précèdent cette question met en évidence une sorte de *renversement du mouvement de l'objet :*

— dans un premier temps, l'idéalisation de l'objet dans l'état amoureux conduit à dire que « l'objet a pour ainsi dire absorbé le moi » [3] ;

— mais dans un second temps, lorsqu'est désigné l'abandon du moi à l'objet, la situation est définie par une formule qui voudrait la « résumer » : « l'objet s'est mis à la place de l'idéal du moi [4]. »

N'y a-t-il pas là, de toute évidence, *deux mouvements différents ?*

Cette constatation, confrontée à la question de savoir quelle instance — moi ou idéal du moi — absorbe l'objet ou est absorbée par l'objet, ouvre une nouvelle possibilité de spécifier le syndrome dépression.

En effet, dès lors que n'est pas remis en question le fait que, dans la mélancolie, c'est le moi qui absorbe (incorpore) l'objet et qui s'y identifie, ne peut-on supposer que dans la dépression, c'est l'idéal du moi qui absorbe l'objet, le moi s'identifiant à partir de là à l'idéal du moi/objet idéalisé ? [5]

En réinscrivant la question de l'idéal au centre de la problématique dépressive, cette différenciation remet en perspective l'idéalité inhérente à l'état dont la perte a été cause de l'expérience première de dépression.

Deux questions donc, que Freud pose, tout en indiquant qu'il n'a pas de réponse à y apporter, ce qui implique *a minima* qu'il pressent leur importance et qu'il lui importe de les exposer.

Deux questions qu'une différenciation relative à la dépression vient éclairer, au point même de susciter la possibilité de spécifier tant l'affect que le syndrome.

Deux questions qui font par conséquent resurgir la présence aux textes freudiens d'une théorie de la dépression en négatif, et qui renouvellent l'insistance de l'interrogation concernant sa non explicitation.

---

3. *Ibid.*, p. 177.
4. *Ibid.*, p. 178.
5. Afin de rester dans le mouvement de l'interrogation freudienne, qui engageait la question à partir de l'état amoureux, on peut esquisser un lien entre état amoureux et dépression : l'état amoureux serait le « négatif » de la dépression, l'objet absorbant l'idéal du moi dans le premier, l'idéal du moi absorbant (incorporant) l'objet dans la seconde. Ce lien n'est-il pas comme potentialisé par l'affirmation freudienne de 1915 (sur laquelle je reviendrai) : les « deux situations opposées » dans lesquelles le moi est « écrasé par l'objet » sont « l'état amoureux et le suicide » (« Deuil et mélancolie », *op. cit.*, p. 163) ? Ce lien demande en outre de repenser les rapports entre dépression et fonctionnement analytique, engageant dans cette perspective la question de l'amour de transfert.

3. LES « IMPENSABLES FREUDIENS »

Il importe maintenant de se demander pourquoi Freud a été comme empêché de théoriser la dépression, mais sans avoir recours pour autant à ce qui ne saurait s'apparenter qu'à une pathographie de peu d'intérêt.

On ne peut que souligner un point troublant : ce sont notamment certains concepts kleiniens — et en particulier ceux qui restituent l'intelligibilité des phènomènes d'ambivalence et d'idéalisation — qui permettent de spécifier la dépression. Or, nous l'avons vu, ces concepts ne sont pas radicalement étrangers aux textes freudiens. Au contraire, ils y affleurent pour la plupart, mais ne sont jamais définis et encore moins travaillés.

Dans la mesure où l'ambivalence et l'idéalisation de l'objet (et plus précisément, l'idéalisation de la mère) sont au cœur du mécanisme de la dépression, dans la mesure où ces deux éléments sont intensément présents à la vie psychique de Freud, n'est-il pas concevable de leur attribuer un rôle d'obstacle, d'empêchement à une théorisation de la dépression, ce qui fait d'ailleurs apparaître sous un jour différent les « tendances dépressives » dont Freud s'est souvent reconnu souffrir [6] ?

On est ici bien proche des travaux de D. Anzieu : selon lui, en effet, « l'auto-analyse de Freud sera et ne sera qu'une élaboration mentale de l'angoisse dépressive. L'angoisse persécutive appelle chez lui une solution du second type, biochimique » [7], car il « ne parviendra pas pour son propre compte à pleinement l'élucider » [8]. Dans cette perspective, on est de plus à même de saisir pourquoi ce sont précisément les concepts kleiniens qui permettent une théorisation de la dépression. Anzieu n'ajoute-t-il pas l'affirmation qui implique la complémentarité kleinienne : « La théorie servit... à Freud... de défense contre la dépression. La théorie psychanalytique freudienne est le fruit d'une élaboration de la position dépressive, tandis que la théorie psychanalytique kleinienne sera le fruit d'une élaboration de la position schizo-paranoïde » [9].

6. Sur ce point, cf. notamment : — les diverses *Correspondances* de Freud ; — Anzieu D., *L'auto-analyse de Freud,* T. I et T. II, Paris, PUF, 1959 ; — Schur M., *La mort dans la vie de Freud,* Paris, Gallimard, 1975.

7. Anzieu D., *op. cit.,* T. I, p. 78.

8. *Ibid.,* T. I., p. 245.

9. *Ibid.,* T. II, p. 742.

VII

Mise à l'épreuve du modèle

Sur la base des constatations qui ont mis le modèle freudien en question, une reformulation peut maintenant être proposée, qui a pour objet de montrer que le syndrome dépression occupe une place spécifique sur l'axe des complications du deuil.

Une seule dépression sous deux dénominations

Une différenciation entre une dépression psychogène et une dépression apparemment spontanée — sur le modèle de la redéfinition freudienne de la mélancolie en 1921 — est une reformulation heuristique de la distintion de 1915 entre dépression névrotique obsessionnelle et dépression mélancolique. Elle dévoile, en effet, l'unicité de la réponse dépressive.

Deux constellations faussement synonymes

Selon l'aspect prédominant de l'objet, deux constellations se dessinent : d'une part, lorsque prédomine l'aspect extrêmement mauvais, celle de la mélancolie, maladie d'angoisse et de culpabilité, maladie du surmoi ; d'autre part, lorsque prédomine l'aspect idéalisé, le syndrome dépression, maladie de dépression et d'infériorité, maladie de l'idéal du moi/moi-idéal.

C'est par un dédoublement rigoureux de chacun des faux synonymes que les deux constellations trouveront une spécificité.

Une « position » maniaque ?

Si la manie se trouve liée à la fois à la névrose obsessionnelle, à la dépression et à la mélancolie, elle est thématiquement plus proche de la dépression.

En outre, la prise en compte de la dimension maniaque du fonctionnement psychique « normal » permet d'esquisser un axe maniaque en quelque sorte parallèle à celui des complications du deuil, et d'argumenter l'existence d'une « position » maniaque.

1. UNE SEULE DÉPRESSION SOUS DEUX DÉNOMINATIONS

En 1915, Freud souligne la diversité des formes cliniques de la mélancolie [1], et semble engager une distinction entre ces formes *par l'intermédiaire du concept de dépression*, utilisé là sans pour autant être défini : il fait usage en effet des termes « dépressions névrotiques obsessionnelles » d'une part, et « dépressions mélancoliques » d'autre part.

Si l'on applique cette première distinction à la recherche d'une spécificité de la dépression fondée sur l'aspect prédominant de l'objet, une nuance s'esquisse d'emblée, entre :

— une dépression qui est dans un rapport à la perte symétrique mais opposé à celui de la névrose obsessionnelle, c'est-à-dire qui correspond à un deuil pathologique, l'aspect prédominant de l'objet perdu étant inverse, marquant par là même la complémentarité des deux réponses au titre de l'ambivalence ;

— une dépression qui est dans un rapport à la perte symétrique mais opposé à celui de la mélancolie, l'aspect prédominant de l'objet incorporé fondant l'alternative.

Mais ainsi que je l'ai annoncé, c'est le modèle freudien de 1921 que j'ai choisi d'utiliser pour spécifier la dépression. Ce modèle permet dans un premier temps de distinguer deux sortes de dépression (mais dans un premier temps seulement, car dans un second temps, cette distinction s'avérera insatisfaisante) :

1. Cf. « Deuil et mélancolie », *op. cit.*, p. 147.

— les *dépressions psychogènes*, qui correspondent, dans la nosographie actuelle, à ce qu'il est convenu d'appeler dépressions réactionnelles : la dépression est psychogène lorsqu'une cause extérieure repérable peut être rationnellement considérée comme facteur déclenchant ;
— les *dépressions apparemment spontanées*, qui correspondent à ce qu'il est convenu aujourd'hui de nommer dépressions endogènes : la dépression est apparemment spontanée lorsqu'aucun facteur événementiel repérable ne permet de comprendre ou d'expliquer rationnellement sa survenue et son instauration.

Cette modélisation appelle une question par rapport à la distinction de 1915 : la différenciation dépression psychogène/dépression apparemment spontanée, sur le modèle de la seule mélancolie et non plus sur le double modèle névrose obsessionnelle / mélancolie, implique que, dans les deux sortes de dépression, il y a identification à l'objet perdu introjecté, la différence résidant dans la présence ou l'absence de cause explicative. En revanche, dans la différenciation dépression névrotique obsessionnelle/dépression mélancolique, il est sous-entendu qu'il peut y avoir instauration d'une dépression sans introjection de, ni identification à l'objet perdu — ce qui revient à considérer que le deuil n'engendre pas, *ne serait-ce que momentanément*, un état pathologique. Comme si le fait de croire que l'on comprend les raisons de l'endeuillé pouvait faire oublier qu'il traverse un temps de « maladie », ainsi que l'a si bien dit M. Klein.

En d'autres termes, choisir de privilégier le texte de 1921 pour travailler la modélisation mélancolie/dépression, c'est mettre indirectement en question l'existence d'un deuil « normal » ; mais c'est surtout souligner que la rationalité de la cause déclenchante n'est toujours qu'apparente, de même que l'apparente spontanéité recouvre en fait une cause cachée: *de même que l'affect n'est jamais purement « réel », de même le syndrome ne saurait être purement réactionnel* [2].

La distinction entre deux sortes de dépression est, par conséquent, insatisfaisante : il y a *unicité de la réponse dépressive*, à reconnaître malgré la diversité des formes cliniques observables. Ce qui implique de renoncer définitivement et radicalement à la compréhension rationnelle et à ses gratifications : en tant que tel, et se suffisant à lui-même, *le réactionnel n'existe pas.*

---

2. Cette comparaison peut-être inhabituelle entre affect et syndrome (névrose), Freud l'a faite en 1895 à propos de l'angoisse — ce qui est à noter étant donné la modélisation que j'ai proposée dans la première partie : Cf. « Qu'il est justifié de séparer de la neurasthénie un certain complexe symptomatique sous le nom de "névrose d'angoisse" », *op. cit.*, p. 35.

2. MÉLANCOLIE ET DÉPRESSION : DEUX CONSTELLATIONS FAUSSEMENT SYNONYMES

Différenciation au titre de l'aspect prédominant de l'objet

Lorsque l'affect dépression se complique d'autres symptômes, au point de suggérer l'instauration d'un syndrome dépression, la distinction qui a été opératoire pour spécifier la dépression par rapport à l'angoisse paraît ne plus suffire pourspécifier la dépression par rapport à la mélancolie.

Tout se passe comme si la référence aux aspects « bon » et « mauvais » de l'objet restait dans un en deçà, et ne permettait que de pressentir ce que la désignation de ses aspects « idéalisé » et extrêmement mauvais » conduit à mettre en évidence.

Et en ce sens, une reformulation s'impose : *le syndrome dépression s'instaure lorsque c'est un objet idéalisé qui est introjecté* [3]. Autrement dit, si dans la mélancolie, c'est « l'ombre de l'objet » qui tombe sur le moi [4], dans la dépression, c'est son éclat qui suscite le conflit intrapsychique [5].

Ce sont à nouveau les travaux de M. Klein qui ouvrent la possibilité de mettre au jour les mécanismes spécifiques à l'œuvre dans la dépression — et notamment, la place de la position dépressive sur l'axe des complications du deuil, la distinction objet idéalisé/objet extrêmement mauvais, et les troubles de l'idéalisation.

---

3. M. Klein désigne clairement la présence du « mauvais » dans la mélancolie (cf. « Contribution à l'étude de la psychogenèse des états maniaco-dépressifs », *op. cit.*, p. 317), et indique même que le dépressif utilise le mécanisme de l'introjection « pour incorporer un *bon* objet » (*ibid.*, p. 322). Plus récemment, J. Laplanche a explicité la nécessité de considérer que prédomine un aspect de l'objet pour comprendre la mélancolie. En effet, non seulement il affirme que, dans la mélancolie, « l'objet est introjecté, mais comme *mauvais* objet » (*Problématiques I, op. cit.*, p. 325), mais il ajoute que cet objet perdu est « réduit à sa partie mauvaise », et introjecté « sous sa seule forme mauvaise » (*ibid.*, p. 326). Il est intéressant de noter qu'à ce moment de son argumentation, J. Laplanche précise qu'il « complète » Freud. La reformulation que je propose s'appuie sur les travaux de ces auteurs, mais s'en écarte sur plusieurs points.

4. Cf. « Deuil et mélancolie », *op. cit.*, p. 158.

5. Ne retrouve-t-on pas cet aspect merveilleux de l'objet dans « l'enchantement » dont parle un patient dépressif de M. Klein (Cf. « Se sentir seul », trad. fr. in *Envie et gratitude*, Paris, Gallimard, 1968, p. 127) ? Il est à noter que cette suggestion à propos de l'éclat de l'objet a été faite par K. Abraham pour illustrer la manie (Cf. sur ce point, M. Klein, « Le deuil et ses rapports avec les états maniaco-dépressifs », *op. cit.*, p. 353, note 2). Ce qui met d'ores et déjà en perspective le lien thématique entre manie et dépression, au titre de l'idéalisation (voir pp. 129-137).

A. La position dépressive et l'axe des complications du deuil

Si l'on en reste à la distinction entre aspect bon et aspect mauvais de l'objet, la position dépressive trouve difficilement place sur l'axe des complications du deuil. En revanche, si l'on introduit la distinction entre objet idéalisé et objet extrêmement mauvais, le double aspect de tout objet (toujours à la fois bon et mauvais) permet de penser que le deuil « normal » correspond en fait à la position dépressive, dont la réélaboration — à chaque perte — conduit à réinstaurer dans le moi le bon objet perdu ainsi que les bons objets préalablement intériorisés — ce qui remet en fonction la centralité de cette position dans le fonctionnement psychique.

La double articulation deuil/états maniaco-dépressifs et position dépressive/états maniaco-dépressifs, souvent explicitée par M. Klein, argumente cette idée.

Non seulement M. Klein insiste sur le fait que l'endeuillé traverse un moment de « maladie », mais elle affirme que « dans le deuil, le sujet passe par un état maniaco-dépressif atténué et passager » [6], lequel réactive la position dépressive infantile. Chaque perte confronte le moi à la nécessité de restaurer ses premiers objets d'amour, de reconstruire son monde intérieur, en un mot, de répéter ce qu'il a expérimenté au cours de la position dépressive. Et, dans la mesure où l'élaboration de la position dépressive détermine la façon dont le sujet, durant sa vie, réagira aux inévitables pertes auxquelles il sera confronté, le lien entre deuil, position dépressive et maladie maniaco-dépressive est intrinsèque : la maladie maniaco-dépressive est l'une des issues possibles de l'échec de l'élaboration de la position dépressive.

En ce sens, « la position dépressive comprend les points de fixation des troubles maniaco-dépressifs » [7], idée importante puisqu'elle ancre la trajectoire des complications du deuil dans un état qui, bien qu'indissociable du développement normal, est un état d'intense souffrance.

Deux autres idées de M. Klein sont à retenir :

— le lien entre le malade maniaco-dépressif et celui qui échoue à accomplir un travail de deuil (celui dont on dit que le deuil est pathologique), c'est que ni l'un ni l'autre n'a jamais véritablement surmonté la position dépressive ; ce qui fait la différence entre eux, ce sont les défenses qu'ils utilisent ;

---

6. « Le deuil et ses rapports avec les états maniaco-dépressifs », *op. cit.*, p. 352.

7. « Note sur la dépression chez le schizophrène », *op. cit.*, p. 188. La trajectoire ainsi constituée permet même de considérer la position dépressive comme une « mélancolie *in statu nascendi* » (« Le deuil et ses rapports avec les états maniaco-dépressifs », *op. cit*, p. 342).

— une fois atteinte la position dépressive (ce qui est le cas des patients maniaco-dépressifs), même si le sujet régresse momentanément ou durablement à la position schizo-paranoïde, le danger que surgisse la dépression sera toujours présent.

Puisque d'une part, l'élaboration de la position dépressive aboutit à l'introjection de l'objet aimé et à l'identification à cet objet ; puisque d'autre part, il y a un lien intrinsèque entre position dépressive, dépression et mélancolie, et que mélancolie et dépression ne peuvent donc être radicalement dissociées de la position dépressive ; puisqu'enfin, le deuil et la position dépressive sont également intrinsèquement liés, deux conséquences s'imposent :

— il est difficile d'imaginer une forme clinique de dépression dans laquelle il n'y aurait pas une certaine identification à l'objet perdu — ce qui vient argumenter l'unicité de la réponse dépressive ;

— l'idée d'un deuil « normal » ne se conçoit que sous la condition de considérer qu'il correspond à l'élaboration/re-élaboration réussie de la position dépressive — ce qui revient à mettre en évidence la nature psychopathologique du fonctionnement psychique « normal ».

B. La distinction entre objet idéalisé et objet extrêmement mauvais

Cette distinction constitue un apport essentiel à la problématique des dépressions.

L'idéalisation de l'objet est, pour M. Klein, « une étape intermédiaire essentielle du développement psychique » [8]. Dans la nécessité où l'enfant se trouve de maintenir séparés l'aspect bon et l'aspect mauvais de l'objet (interne et externe), avant de commencer à les synthétiser, et afin de pouvoir conserver sa croyance en l'existence d'un bon objet indispensable à sa sécurité et à sa survie, il utilise *l'idéalisation comme défense* contre l'angoisse persécutive.

Corollaire de la crainte de persécution, mais expression aussi de la recherche éperdue d'une gratification sans limites, l'idéalisation est liée au clivage de l'objet, autre méthode de défense [9]. Et puisque la frustra-

---

8. « Le deuil et ses rapports avec les états maniaco-dépressifs », *op. cit.*, p. 353.

9. M. Klein énumère diverses méthodes de défense contre l'angoisse persécutive, et qui « se transforment à mesure que le moi devient plus capable de supporter l'angoisse » : « le clivage, l'omnipotence, l'idéalisation, la dénégation et le contrôle des objets internes et externes ». Lorsque c'est l'angoisse dépressive qu'il s'agit de neutraliser, la forme et la finalité de ces défenses se modifient, elles constituent alors plus précisément « la défense maniaque » (Cf. « Quelques conclusions théoriques au sujet de la vie émotionnelle des

tion est absolument inévitable, et que, de ce fait, l'objet est nécessairement persécuteur, l'idéalisation est à considérer comme « un trait caractéristique de la toute première relation à l'objet "bon" » [10].

C'est sans doute le caractère inévitable de la frustration qui rend à la fois « essentiel de distinguer le bon objet et l'objet idéalisé », et en même temps si « difficile de les différencier de façon rigoureuse » [11].

Une certaine différenciation peut néanmoins être opérée au regard de :

— l'importance du clivage entre les deux aspects de l'objet : plus le clivage est profond, plus l'objet est idéalisé ;

— l'intégration dans le moi : le bon objet est mieux intégré dans le moi que l'objet idéalisé.

Dans la mesure où c'est la crainte de la persécution qui est à l'origine de l'idéalisation, on conçoit que la diminution de l'idéalisation soit liée à l'élaboration de la position dépressive. C'est, en effet, le processus d'intégration qui entraîne la réduction du clivage entre figures persécutrices et figures idéalisées, tout comme le rapprochement entre pulsions agressives et pulsions libidinales. Lorsque « la haine a été tempérée par l'amour » [12], les bons objets peuvent être ancrés dans le moi de façon stable.

Mais il ne faut pas oublier que, même s'il tend à diminuer au cours du développement, « le besoin d'idéalisation n'est jamais complètement abandonné » [13]. Ce qui ne saurait surprendre, puisque cela ne fait que confirmer à quel point l'existence d'un monde intérieur bon et stable est fragile, souvent menacée, et à reconstruire chaque fois que la réalité l'a mise en péril [14].

---

bébés », *op. cit.* pp. 198-201). Notons que le terme de « déni » (d'ailleurs adopté dans la traduction de : « Notes sur quelques mécanismes schizoïdes ») conviendrait mieux que celui de « dénégation » au mécanisme décrit. Par ailleurs, dès 1934, M. Klein remarquait que, dans son effort pour « séparer le bon objet du mauvais, et l'objet réel de l'objet fantasmatique », le moi en venait à « concevoir des objets absolument mauvais ou *absolument parfaits* » (Cf. « Contribution à l'étude de la psychogenèse des états maniaco-dépressifs », *op. cit*, p. 318).

10. « Notes sur quelques mécanismes schizoïdes », *op. cit.*, p. 283.

11. « Envie et gratitude », *op. cit.*, p. 34.

12. « Sur les critères de fin d'analyse », *op. cit.*, p. 10.

13. « Se sentir seul », *op. cit.*, p. 127.

14. Une constatation clinique quotidienne illustre combien l'idéalisation demeure un recours parfois indispensable : dans le deuil, le maintien temporaire de l'objet aimé à l'état d'objet idéalisé procure un certain apaisement (Cf. « Le deuil et ses rapports avec les états maniaco-dépressifs », *op. cit.*, p. 353).

C. Les troubles de l'idéalisation

Dire comme je le propose que, dans la dépression, c'est la partie idéalisée de l'objet perdu qui est absorbée par l'idéal du moi auquel le moi s'identifie, appelle la prise en compte des troubles du processus normal d'idéalisation.

Si ces troubles ont été étudiés à diverses reprises par M. Klein, sa formulation la plus opératoire pour la perspective que j'ai choisie mérite d'être citée en son entier, car elle ouvre de multiples pistes :

> « quand la crainte de persécution est trop forte, la fuite vers l'objet idéalisé devient excessive et cela gêne considérablement le développement du moi et perturbe les relations objectales. Il peut en résulter que le moi se sente entièrement asservi à son objet interne et entièrement dépendant de lui, comme s'il n'était pour lui qu'une *coquille*. On trouve donc, en même temps qu'un objet idéalisé non assimilé, le sentiment que le moi n'a ni vie ni valeur propres. Je dirais que la situation de fuite vers l'objet idéalisé non assimilé exige des processus ultérieurs de clivage dans le moi » [15].

> Et surtout, faisant référence à la situation où « les objets internes agissent comme des corps étrangers enkystés dans la personne », elle ajoute :
> « Quoique cela soit plus évident en ce qui concerne les objets "mauvais" c'est vrai aussi pour les "bons", si le moi se trouve compulsivement subordonné à leur sauvegarde. Quand le moi sert avec excès ses objets bons internes, le sujet les sent comme une source de danger pour lui, et ils sont bien près d'exercer une influence persécutrice » [16].

Outre le renforcement de l'argumentation concernant l'aspect prédominant de l'objet perdu, cette longue citation apporte plusieurs éléments essentiels :

— elle permet une relecture des textes freudiens qui met en évidence que l'incorporation de l'objet « extrêmement mauvais » rend mieux compte des caractéristiques de la mélancolie que l'incorporation du simple « mauvais » objet — notamment au titre de la persécution et de l'action des forces pulsionnelles destructrices ;

— elle reformule le lien intrinsèque et la proximité clinique entre dépression et mélancolie : l'objet bon, servi « avec excès », peut devenir dangereux et « bien près » d'être persécuteur, autrement dit se renverser en son opposé, et transformer la dépression en mélancolie ;

---

15. « Notes sur quelques mécanismes schizoïdes », *op. cit.*, pp. 283-284 (mot souligné par moi). Notons l'interdépendance entre clivage de l'objet et clivage du moi, qui sera reprise plus loin. M. Klein est formelle sur ce point : « le moi est incapable de cliver l'objet — interne et externe — sans qu'un clivage correspondant se produise à l'intérieur de lui-même » (*ibid.*, p. 280).

16. *Ibid.*, p. 284, note 1.

— elle engage une compréhension différentielle de l'estime de soi : on sait que, dans la mélancolie, la perturbation de ce sentiment conduit le moi à se sentir coupable ; on voit ici qu'elle peut également conduire à ce qu'il se sente « sans vie et sans valeur propres », ce qui ne saurait être considéré comme la même chose ;

— la métaphore de la « coquille » est particulièrement intéressante, car elle rend compte de l'un des paradoxes de la dépression [17] : le sentiment de vide dont se plaint le dépressif correspond en fait à un « trop-plein », l'objet idéalisé incorporé étant comme « enkysté », non assimilé, et contraignant le moi à le sauvegarder « compulsivement » ;

— elle confirme enfin que dépression et mélancolie sont des affections qui désignent une défaillance dans l'élaboration de la position dépressive.

Différenciation au titre de l'affect

Au-delà de l'idée selon laquelle l'angoisse est l'affect majeur de la mélancolie, et la dépression, l'affect majeur du syndrome dépression, il s'agit maintenant d'argumenter à nouveau, mais différemment, que la prédominance de l'aspect mauvais/extrêmement mauvais de l'objet déclenche l'angoisse, tandis que la prédominance de son aspect bon/idéalisé provoque la dépression.

Cette argumentation passe par une mise en question de la signification du « bon » et du « mauvais », dans les textes freudiens, notamment au regard de certains remaniements apportés en 1914, et après.

La problématisation du narcissisme et de l'estime de soi suscite une formule schématique : pour s'aimer — pour que le sentiment d'estime de soi ne soit ni diminué, ni perturbé — le moi doit être aimé.

Si l'on part de l'alternance fondamentale — parce que liée à la fois à l'essence de la pulsion et à l'introduction du principe de réalité dans le fonctionnement psychique — entre besoin/excitation/frustration et satisfaction/gratification/apaisement, on peut désigner une première équivalence : *être aimé, c'est être satisfait/apaisé,* ou, en d'autres termes, *l'objet bon, c'est l'objet apaisant,* l'objet qui gratifie.

Mais la même alternance implique également que l'objet gratifiant/apaisant soit aussi — et nécessairement — objet frustrant/excitant. Le moment qui sépare l'apparition du besoin de sa satisfaction est un moment d'excitation, qui est vécue comme agression, à la fois externe (l'objet est inadéquat), mais surtout interne (attaque pulsionnelle engendrée par le besoin). Ce moment apparaît comme moment de sur-

17. Voir 3e partie.

gissement de l'angoisse, ce qui détermine une deuxième équivalence : être agressé, c'est être frustré/excité, ou, en d'autres termes, *l'objet mauvais, c'est l'objet excitant,* l'objet qui frustre.

L'alternance besoin/satisfaction étant inévitable, les deux équivalences s'entrecroisent, donnant lieu à une troisième équivalence : *tout comme le bon objet est indissociable du mauvais, être aimé est indissociable d'être agressé.*

Là se dévoile l'une des manifestations du caractère inconciliable du désir ; là se dévoile l'une des sources de l'ambivalence constituante de la vie affective : dès lors que s'instaure une relation à un objet (partiel ou total, le problème est le même), ce qui est alternance ne peut plus se dissocier radicalement. Aucun objet n'est, ni ne sera jamais complètement bon ou complètement mauvais.

Autrement dit, *le besoin d'être aimé pour se maintenir en vie est dépendant d'un objet indispensable, mais nécessairement inadéquat.*

Si l'on conserve l'idée que l'angoisse répond à l'action excitante de l'objet, tandis que la dépression répond à son action apaisante, on voit qu'il y a toujours entrecroisement et intrication entre ces deux affects, avec prédominance de l'un ou de l'autre ; cette prédominance est déterminée par l'aspect de l'objet qui lui-même prédomine — aspect qui, dans l'alternance besoin/satisfaction, ne peut qu'alterner lui aussi.

A partir de là, se précise la différenciation entre angoisse et dépression — en remarquant que revient, à ce point, l'évidence selon laquelle personne ne saurait prétendre n'avoir jamais éprouvé chacun de ces deux affects :

— l'angoisse signifie une menace de débordement du moi par agression de l'objet ; elle constitue un risque direct pour le moi ;

— la dépression signifie une menace d'anéantissement du moi par abandon de l'objet ; elle constitue un risque indirect pour le moi, ou plus précisément, un risque pour le moi consécutif à un risque encouru par l'objet.

Se trouve ainsi mis en évidence qu'entre le syndrome dépression et la mélancolie, il n'y a pas — *au titre de l'affect* — continuité ; *il n'y a pas augmentation quantitative : il y a modification de l'affect,* liée à ce qui est vécu comme une modification de l'objet [18].

Et c'est par la mise en cause, dans les deux cas, de l'amour pour le moi que ces deux affections se regroupent sous la rubrique des « pathologies du narcissisme ».

---

18. C'est dans le passage objet bon/objet idéalisé et objet mauvais/objet extrêmement mauvais qu'intervient la modification *quantitative,* c'est-à-dire dans le passage de l'affect au syndrome.

Différenciation au titre de l'instance critique et idéale, et de la culpabilité/infériorité

Le lien entre culpabilité, névrose obsessionnelle et mélancolie, mis en évidence par Freud bien avant 1915, est confirmé dans ses travaux ultérieurs. Mais, après 1915, et surtout à partir de 1923 avec la deuxième topique et l'introduction du surmoi, il est problématisé par rapport à l'action de l'instance critique dans ces deux affections.

Il s'agit de montrer ici que dissiper la « fausse synonymie » entre surmoi et idéal du moi d'une part, culpabilité et infériorité d'autre part, donne une possibilité de spécifier la dépression. Autrement dit :

— si la mélancolie met en scène un conflit entre le moi et le surmoi, la dépression correspond à une tension excessive entre le moi et un idéal du moi assujetti au moi-idéal ; ou encore, le surmoi est sollicité par la prédominance du « mauvais », tandis que l'idéal du moi est concerné par la prédominance de l'idéalisé ;

— l'action de l'idéal du moi est potentialisée par le narcissisme, celle du surmoi, par l'ambivalence ;

— si la culpabilité est liée à la prédominance du « mauvais » et à la mélancolie, l'infériorité est consécutive à la prédominance de l'idéalisé, et plus proche de la dépression.

Deux axes se dessinent ainsi : l'axe mélancolie/surmoi/culpabilité lorsque prédomine l'aspect mauvais, l'axe dépression/moi-idéal-idéal du moi/infériorité lorsque prédomine l'aspect idéalisé.

L'argumentation de ces points nécessite de suivre au plus près les intrications successives de ces concepts dans les principaux textes freudiens, afin de déceler d'abord à quels moments peut être mise en évidence leur impossible superposition, pour ensuite esquisser ce que masque cette apparente superposition.

1914 — *Pour introduire le narcissisme* [19]

L'idée d'une instance critique, pressentie par Freud dès ses tout premiers travaux [20], doit attendre, pour trouver sa formulation opératoire, l'introduction du narcissisme et la compréhension du mécanisme

19. *Op. cit.*, cf. notamment pp. 98-100 et 105 ;

20. Ce que ses traducteurs repèrent comme « indice de la future conception du surmoi » est pressenti par Freud en 1897, en rapport à l'identification qui va précisément se trouver au carrefour de la problématique de l'idéal du moi à partir de 1915 (cf. « Manuscrit L », du 2.5.1897, in *Naissance de la psychanalyse, op. cit.*, p. 176, note 1 des traducteurs).

de la mélancolie. Cette instance se trouve, en effet, dans des rapports complexes à l'identification, à l'estime de soi et à la culpabilité.

C'est en 1914 qu'elle est nommée pour la première fois, le terme utilisé étant celui d'*idéal du moi.*

L'apparition, dans ce même texte, du terme de *moi-idéal,* et sa rapide disparition dans les travaux ultérieurs présentent un intérêt tout particulier qui me conduit à en différer l'étude : je tenterai alors de montrer comment la souffrance dépressive met en scène un lien spécifique et anachronique entre l'idéal du moi et le moi-idéal, lien déterminé par l'idéalisation qui caractérise l'objet introjecté par l'idéal du moi.

En 1914, sous le seul terme d'idéal du moi, deux formations différentes sont décrites qui, par la suite, seront parfois comme confondues :

— *l'idéal* proprement dit, formation suscitée par l'influence des réprimandes des parents puis de l'entourage, qui éradiquent la possibilité pour le moi de continuer à « être lui-même son propre idéal » — ce qu'il a été dans les premiers temps de son existence. Créée par le moi pour remplacer le moi-idéal qui lui assurait auparavant la perfection narcissique, cet idéal apparaît comme la « nouvelle forme » de la perfection, comme le « substitut du narcissisme perdu de son enfance », et c'est à lui que « s'adresse maintenant l'amour de soi dont jouissait dans l'enfance le moi réel » ; [21]

— *la conscience morale,* instance psychique dont l'existence est au départ supposée par Freud principalement pour comprendre le délire d'observation, et aussi pour distinguer formation d'idéal et sublimation [22]. La tâche de cette instance est de « veiller à ce que soit assurée la satisfaction narcissique provenant de l'idéal du moi » ; c'est pourquoi elle « observe sans cesse le moi et le mesure à l'idéal » [23].

Entre ces deux formations, n'y a-t-il pas dualité ? Une précision, donnée par Freud, semble le confirmer : la « garde » de l'idéal est « remise à la conscience morale » [24]. En tout état de cause, entre la formation idéale que le moi « projette devant lui » et qui a pour fonction de lui assurer la satisfaction narcissique, et la formation critique dont le

21. « Pour introduire le narcissisme », *op. cit.,* p. 98.

22. On peut noter que « la formation d'idéal serait du côté du moi la condition du refoulement », ce qui importe si l'on se souvient des rapports entre refoulement et dépression posés dans le Manuscrit N (voir pp. 79-80) : cette remarque crée, en effet, un lien supplémentaire entre dépression et idéal.

23. « Pour introduire le narcissisme », *op. cit.,* p. 99. Une formulation proposée par Freud cinq ans plus tard est encore plus explicite : « Dans le moi se développe peu à peu une instance particulière qui peut s'opposer au restant du *moi,* qui sert à s'observer et à se critiquer soi-même, qui accomplit un travail de censure psychique et se révèle à notre conscient sous le nom de "conscience morale" » (Freud S. (1919), « L'inquiétante étrangeté », trad. fr. in *Essais de psychanalyse appliquée,* Paris, Gallimard, 1971, p. 186).

24. « Pour introduire le narcissisme », *op. cit.,* p. 100.

rôle est d'observer et de mesurer sans cesse si le moi est bien conforme à son idéal, comment pourrait-il y avoir identité, ou même similitude ?

Quant à la culpabilité, lorsqu'elle est évoquée dans ce texte — dont l'essentiel est consacré, il faut le noter, à l'estime de soi — c'est dans une formulation qui pose comme équivalentes l'angoisse d'être châtié et l'angoisse de perdre l'amour : « la conscience de culpabilité était originellement l'angoisse d'être châtié par les parents, *ou, plus exactement,* de perdre leur amour » [25].

Cette étrange superposition entre le châtiment et la perte d'amour — même si elle se vérifie en certaines occurrences — n'est-elle pas à l'origine des superpositions ultérieures qui ont tissé les « faux synonymes » ? Elle apparaît, en tout cas, comme un indice supplémentaire de l'indispensable différenciation entre angoisse et dépression.

1921— *Psychologie des foules et analyse du moi* [26]

Le rôle déjà central de l'identification — et principalement de l'identification narcissique — est réévalué par rapport à l'instance critique et à la culpabilité, du fait même de la réévaluation concomitante dont fait l'objet l'ambivalence.

L'antériorité absolue de l'identification par rapport au choix d'objet est affirmée ; ce qui éclaire le mécanisme régressif, et le caractère en ce cas narcissique de l'identification.

Il est à remarquer qu'à propos de l'identification, l'idée d'un aspect prédominant de l'objet est explicitement évoquée : après avoir noté qu'en s'identifiant, « le moi copie une fois la personne *non aimée,* l'autre fois au contraire la personne *aimée* », Freud rappelle que, dans la mélancolie, le moi subit des « sévices, provenant de son idéal » et précise qu'il les « subit en cas d'identification à un objet *rejeté* » [27].

Quant au lien, dans la mélancolie, entre identification/introjection d'une part, auto-dépréciation/idéal du moi d'autre part, il est donné selon deux perspectives différentes mais complémentaires :
— les reproches et la critique qui semblent s'adresser au moi concernent en fait — comme on le sait déjà — l'objet introjecté dans le moi ;
— la cruauté toute particulière de la partie du moi « modifiée » par l'introjection de l'objet se manifeste dans son déchaînement inexorable et injuste contre l'autre partie du moi ; et à ce point précis se trouve convo-

25. *Ibid.*, p. 105.
26. *Op. cit.*, cf. notamment pp. 168-170.
27. *Ibid.*, pp. 169 et 204 (mots soulignés par moi).

quée l'instance critique, *sous sa dénomination de conscience et non d'idéal*, avec le rappel de son action permanente dans la vie psychique et comme exagérée dans la mélancolie [28].

Ce qui est à remarquer ici, c'est comment Freud, alors qu'il vient de désigner — ne serait-ce que par les termes utilisés — l'activité de l'aspect mauvais de l'objet introjecté et la force de l'ambivalence, rappelle, dans les lignes qui suivent, les acquis de la théorie sur l'instance critique, mais dans des termes plus particulièrement reliés au narcissisme [29] : renversement de perspective qui éclaire, me semble-t-il le « rappel » des traducteurs, *à cet endroit précisément*, sur la non-distinction chez Freud entre mélancolie et dépression [30].

Quelques pages plus loin, le texte recèle la possibilité d'une différenciation déjà esquissée : Freud cite à nouveau son « hypothèse » d'un « stade dans le moi » où s'opère la « distinction du moi d'avec l'idéal du moi », et évoque à ce titre le « double mode de lien par là rendu possible — identification et installation de l'objet *à la place de l'idéal du moi* » ; puis il poursuit en suggérant de penser que « le moi adopte désormais une relation d'objet *avec l'idéal du moi* issu de lui-même » [31].

N'y a-t-il pas là possibilité, et nécessité, de distinguer deux mécanismes :

— le premier, du côté de la mélancolie, suivant lequel l'objet est introjecté dans *le moi*, modifie *la partie du moi* qui s'identifie à lui et contre laquelle se déchaîne la conscience, c'est-à-dire le mécanisme suivant lequel le moi se traite lui-même comme un objet ;

— le second, du côté de la dépression, suivant lequel l'objet est mis à la place de *l'idéal du moi*, et qui a pour conséquence le fait que le moi engage une relation *avec son idéal* pris comme objet.

Par ailleurs, s'il est établi depuis 1914 qu'il ne saurait y avoir adéquation entre le moi et l'idéal du moi dès lors que le moi a subi un certain développement, Freud rappelle néanmoins, en 1921, que le « degré d'éloignement » entre moi et idéal du moi est « très variable d'un individu à l'autre » [32] et que chacun fait en sorte de pallier, au moins par moment, cette inadéquation.

---

28. *Ibid.*, p. 173 : « la partie qui exerce une activité si cruelle ne nous est pas non plus inconnue. Elle inclut la conscience, instance critique dans le moi, qui même dans les périodes normales s'est opposée au moi par sa critique, jamais toutefois si inexorablement ni si injustement. »

29. Cf. *ibid.*, p. 173.

30. *Ibid.*, p. 172, note : « Freud utilise habituellement le terme de "mélancolie" pour des états qui aujourd'hui seraient appelés "dépression". »

31. *Ibid.*, p. 199 (mots soulignés par moi).

32. *Ibid.*, p. 174. Freud précise même que « chez beaucoup cette différenciation ne va pas plus loin que chez l'enfant ». C'est un des éléments qui donnera sa centralité à la « position maniaque » (voir pp. 129-137).

L'inadéquation entre moi et idéal s'oppose, en effet, à la satisfaction narcissique que le moi ne cesse de rechercher, et qu'il retrouve à chaque fois que quelque chose en lui « coïncide » avec son idéal.

Par opposition, c'est la culpabilité (infériorité) qui surgit lorsque l'inévitable inadéquation se transforme en tension :

> « Il se crée toujours une sensation de triomphe quand quelque chose dans le moi coïncide avec l'idéal du moi. *De même*, le sentiment de culpabilité (et le sentiment d'infériorité) peut être compris comme expression de la tension entre moi et idéal. » [33]

Deux remarques s'imposent à la lecture de cette phrase :
— l'équivalence entre culpabilité et infériorité serait-elle si évidente pour que le verbe soit employé au singulier ?
— le lien qu'établit Freud entre sensation de triomphe et tension est un lien d'analogie (« de même »), et non d'opposition, s'inscrivant d'ailleurs dans la continuité d'une intuition explicitée en 1920 qui plaçait l'infériorité dans un rapport à l'estime de soi et à la perte d'amour [34].

Ces remarques légitiment un autre rapprochement, que l'introduction du surmoi deux ans plus tard va permettre d'approfondir : l'infériorité concernerait le narcissisme, tandis que la culpabilité serait du côté de l'ambivalence.

1923 — *Le moi et le ça* [35]

Ce texte met en fonction plusieurs des questions implicitement présentes auparavant, et surtout, il introduit le concept de surmoi dans une équivalence, à première vue sans nuance, avec celui d'idéal du moi : Freud rappelle l'existence d'une « différenciation à l'intérieur du moi », et ajoute qu'il convient de la « nommer *idéal du moi* ou *surmoi* ».

L'exposé des raisons qui l'ont conduit à désigner cette instance va plus loin qu'une simple réaffirmation : en indiquant que les mécanismes mis au jour par l'étude de la mélancolie ne sont pas seulement spécifiques de cette affection, mais dépassent son cadre, Freud réévalue une nouvelle fois l'identification narcissique et l'ambivalence :

---

33. *Ibid.,* p. 201 (mots soulignés par moi).

34. Cf. « Au-delà du principe de plaisir », *op. cit.,* p. 50 : « La perte d'amour et l'échec portent au sentiment d'estime de soi un préjudice durable qui reste comme cicatrice narcissique ; c'est là... ce qui contribue plus que tout au "sentiment d'infériorité" si commun chez les névrosés. »

35. *Op. cit.,* cf. notamment pp. 240-275.

— La modification qui se produit dans le moi, lorsque l'abandon d'un objet est suivi de son « érection » dans le moi, demeure l'un des aspects caractéristiques de la mélancolie, mais apparaît ici, plus généralement, comme « la condition pour que le ça abandonne ses objets », notamment au cours des premières phases du développement. L'identification narcissique est donc un processus « fréquent et typique » qui joue un rôle constituant dans la formation même du moi [36]. Et ce sont ces premières identifications, celles qui relayent sur le mode oral (introjection/incorporation) les investissements d'objets abandonnés, qui sont à l'origine du surmoi : elles « se comportent régulièrement comme une instance particulière dans le moi, s'opposent au moi comme sur-moi » [37].

— L'opposition de la partie du moi, modifiée par ses premières identifications, au reste du moi, ne prend tout son sens que référée à l'ambivalence. L'ambivalence est réaffirmée comme « inhérente dès l'origine à l'identification » [38], et sa centralité est potentialisée par une hypothèse supplémentaire de Freud qui se demande, à partir de l'examen du complexe d'Œdipe, si elle ne doit pas être « rattachée à la bisexualité ».

C'est en fonction de ces précisions que se dessine la *double polarité de l'instance critique et du sentiment qu'elle provoque.*

Cette instance n'a-t-elle pas d'ailleurs, selon les termes mêmes de Freud, un « double visage » [39] ?

Et si ce double visage répondait comme en écho au double aspect de tout objet (à la fois bon et mauvais), double aspect qui sous-tendrait en quelque sorte la double signification que Freud attribue à l'instance :

> « Le surmoi n'est pas simplement un résidu des premiers choix d'objet du ça, mais il a aussi la signification d'une formation réactionnelle énergique contre eux. » [40]

Comment ne pas se demander si le *choix de* s'adresse au même aspect de l'objet que la *réaction contre ?*

L'instance qui torture — et qui, dans le passage du texte décrivant cette torture est bien nommée surmoi — est-elle exactement la même que la « formation substitutive qui remplace la nostalgie pour le père »,

---

36. Cette extension donnée au mécanisme de l'identification narcissique permet de « concevoir que le caractère du moi résulte de la sédimentation des investissements d'objets abandonnés et qu'il contient l'histoire de ces choix d'objet » (*ibid.,* p. 241). Elle fait même appel à l'aspect phylogénétique de la formation de l'instance critique : « Par suite de l'histoire de sa formation, l'idéal du moi a les liens les plus étendus avec l'acquis phylogénétique de l'individu, son héritage archaïque » (*ibid.,* p. 249).
37. *Ibid.,* p. 262.
38. *Ibid.,* p. 244.
39. Cf. *ibid.,* p. 247.
40. *Ibid.,* p. 247.

et qui, elle, est désignée — dans cet autre moment du texte — comme idéal du moi [41] ?

Le penser, ne serait-ce pas croire que le choix des mots est dû au hasard ?

Quant à la répercussion du double visage de l'instance sur la double polarité du sentiment qu'elle provoque, elle engage la difficile distinction entre culpabilité et infériorité.

Le texte de 1923 désigne deux sortes de sentiment de culpabilité :

— Le sentiment de culpabilité « normal, conscient », identifié à la conscience morale, dont l'interprétation est aisée : « il repose sur la tension entre le moi et l'idéal du moi et il est l'expression d'une condamnation du moi par son instance critique. » Et dans la phrase suivante, Freud ajoute : « les sentiments d'infériorité, bien connus chez les névrosés, n'en sont sans doute pas très éloignés » [42]. Culpabilité et infériorité ne sont par conséquent *ni superposées, ni différenciées réellement.* De plus, la tension dont il est question, lorsque vient l'association avec l'infériorité, se situe entre le moi et l'idéal du moi, et non entre le moi et le surmoi.

— Le « sentiment de culpabilité inconscient », mots dont la juxtaposition est en elle-même problématique, ce qui n'échappe pas à Freud [43]. Mais, comme pour d'autres concepts, c'est l'expérience clinique qui « oblige, en dépit de tout notre esprit critique » [44], à reconnaître l'existence des faits dont ils rendent compte. Plus précisément, ici, c'est l'étrange comportement des patients dont l'état s'aggrave lorsque l'analyste leur manifeste qu'il est satisfait du déroulement de la cure.

La recherche de ce qui, chez ces patients, fait obstacle à la guérison fait apparaître que ce qui les empêche d'aller mieux, c'est un sentiment de culpabilité qui « trouve la satisfaction dans l'état de maladie et ne veut pas renoncer à la punition par la souffrance » ; mais ce sentiment est inconscient et ne se manifeste que par la résistance à la guérison : « le patient ne se sent pas coupable, mais malade » [45].

---

41. Cf. *ibid.,* p. 269 et p. 249.

42. *Ibid.,* p. 265.

43. En 1907 déjà, Freud était conscient de cette difficulté. Parlant de « celui qui souffre de compulsions et d'interdictions », il note qu'il « se comporte comme s'il était sous l'empire d'une *conscience de culpabilité* dont au reste il ne sait rien, donc d'une conscience de culpabilité inconsciente, ainsi qu'on est obligé de s'exprimer en dépit de la répugnance qu'ont ces mots à aller ensemble » (« Actions compulsionnelles et exercices religieux », *op. cit.,* p. 138). A propos de cette difficulté, cf. les commentaires de J. Laplanche, *Problématiques IV,* Paris, PUF, 1981, pp. 195-198.

44. « Le moi et le ça », *op. cit.,* p. 239.

45. *Ibid.,* pp. 263-264.

Le complément qu'apporte Freud en note est particulièrement éclairant : le cas de figure sur lequel la technique analytique peut agir, c'est « quand ce sentiment *ics* [inconscient] de culpabilité est un sentiment *emprunté,* c'est-à-dire qu'il est le résultat d'une identification à une autre personne qui fut jadis l'objet d'un investissement érotique » [46]. Et dans la mesure où Freud précise que ce processus ressemble à celui de la mélancolie, et qu'il s'agit dans la thérapie de retrouver l'investissement d'objet masqué par le sentiment de culpabilité, il convient de se demander à quel aspect de l'objet — si ce n'est au mauvais — s'adressait jadis l'investissement. Question que vient confirmer et étayer l'autre facteur dont dépend la résolution de la résistance, à savoir : « la personne de l'analyste permet-elle au malade de le mettre à la place de son idéal du moi ? » [47]. A quel aspect de l'objet-analyste — si ce n'est à l'aspect bon, voire idéalisé — s'adresse l'investissement du patient, en ce cas dit de guérison où résolution semble impliquer renversement ? [48]

Mais alors que Freud vient d'indiquer la ressemblance entre le processus décrit comme sentiment de culpabilité inconscient et la mélancolie, il rappelle — dans un retour qui est à noter — que dans la névrose obsessionnelle et dans la mélancolie, le sentiment de culpabilité est « intensément conscient » ; il souligne en outre que, si dans ces deux affections, l'idéal du moi se comporte de façon différente, il n'en reste pas moins qu'il est « d'une particulière sévérité, il fait rage contre le moi, souvent de façon cruelle » [49]. Mais ce n'est qu'un retour provisoire puisque, dans la névrose obsessionnelle comme dans la mélancolie, l'aspect inconscient de la culpabilité reste prépondérant : déjà dans la névrose obsessionnelle, on ne peut négliger la part inconsciente du sentiment de culpabilité, sous prétexte qu'il « s'exprime bruyamment », puisqu'il le fait « sans pouvoir se justifier devant le moi » ; mais surtout dans la mélancolie, où « l'impression que le surmoi s'est annexé la conscience est encore plus forte » [50].

Autrement dit, que ce soit dans la névrose obsessionnelle ou dans la mélancolie, les processus qui influencent le surmoi échappent au moi et, contrairement à ce qui a été dit quelques paragraphes auparavant, le sentiment de culpabilité est inconscient : le retour n'a été que provisoire, et s'éclaire sans doute du lien affirmé entre conscience morale et complexe d'Œdipe.

46. *Ibid.*, pp. 264-265, note 2.

47. *Ibid.*

48. Il s'agit là d'une question qui engage théorie et technique, et qui convoque à nouveau l'interrogation sur les rapports entre fonctionnement analytique et fonctionnement dépressif.

49. *Ibid.*, pp. 265-266.

50. *Ibid.*, p. 266.

La question de fond est alors remise en perspective :

> « comment se fait-il que le surmoi se manifeste essentiellement comme sentiment de culpabilité (ou plutôt comme critique ; le sentiment de culpabilité est la perception qui correspond, dans le moi, à cette critique)... ? » [51]

perspective qui revient à définir *le surmoi comme indissociable de la culpabilité.*

De plus, l'action du surmoi dans la mélancolie, désignée comme quasiment exemplaire, précise et renforce cette perspective. Dans cette affection, en effet :

> « le surmoi excessivement fort, qui s'est annexé la conscience, fait rage contre le moi avec une violence impitoyable, comme s'il s'était emparé de tout le sadisme disponible dans l'individu » [52].

Comment reconnaître, dans cette description, l'instance « idéal du moi », qui « satisfait à toutes les exigences posées à l'essence supérieure de l'homme », qui « contient le germe à partir duquel toutes les religions se sont formées », d'autant que Freud ajoute :

> « Lorsque le moi se compare à son idéal, le jugement qu'il porte sur sa propre insuffisance engendre le sentiment d'humilité religieuse auquel le croyant en appelle dans sa ferveur nostalgique » [53] ?

A partir de ces citations, et à moins de superposer sans nuance humilité et culpabilité, s'entrouvre une différenciation possible entre infériorité et culpabilité, au regard de la dépression et de la mélancolie :

— le sentiment d'infériorité est lié à l'idéal du moi, à l'introjection de l'aspect idéalisé de l'objet, et par suite, à la dépression ;

— le sentiment de culpabilité est lié au surmoi, à l'introjection de l'aspect mauvais de l'objet, et par suite, à la mélancolie.

1932 — *Les diverses instances de la personnalité psychique* [54]

Connu surtout pour la désignation de l'idéal du moi comme l'une des « fonctions » du surmoi, ce texte contient en outre plusieurs formulations et intuitions nouvelles, à retenir :

---

51. *Ibid.,* p. 268.
52. *Ibid.,* p. 268.
53. *Ibid.,* p. 249. L'aspect « nostalgique » de la ferveur vient confirmer le lien proposé entre infériorité et dépression.
54. Freud S. (1932), « Les diverses instances de la personnalité psychique », trad. fr. in *Nouvelles conférences sur la psychanalyse,* Paris, Gallimard, 1971. Cf. notamment pp. 80, 83-85, 88-91, 103, 105.

1) Le rôle de l'instance parentale, dont le surmoi « prend la place », dont il n'est pas seulement le « successeur », mais véritablement l'« héritier légitime, naturel » — ce qui a de multiples implications :

— la genèse du surmoi : c'est l'autorité des parents qui remplit au départ le rôle assuré ultérieurement par le surmoi. Tant que cette autorité n'est pas intériorisée, « il n'y a pas lieu de parler de surmoi » ;

— la double polarité de l'instance : prodiguant alternativement des « témoignages de tendresse » et des « menaces de punition », sans aller jusqu'à dire qu'elle est perçue tantôt comme bonne, tantôt comme mauvaise, elle apparaît comme ayant nécessairement un double visage ;

— l'interrogation sur l'apparente sélection qu'opère le surmoi en ne retenant que la sévérité et la dureté de l'instance parentale : c'est à ce point précis, dans cet étonnant « choix unilatéral », que s'ouvre — me semble-t-il — une possibilité de différencier surmoi et idéal du moi ; j'y reviendrai ;

— l'aporie que suscite la constatation suivant laquelle la sévérité du surmoi est sans aucun rapport avec le comportement des parents, aporie qui se résout si l'on reconnaît que le surmoi se forme non pas à l'image des parents, « mais bien à l'image du surmoi de ceux-ci » [55].

2) L'identification comme moyen par lequel le moi cherche à être objet d'amour pour le ça.

3) Le clivage du moi comme conséquence de ce processus : lorsque le moi se traite comme un objet, lorsqu'il s'observe et se critique, « une partie du moi s'oppose à l'autre », ne serait-ce que temporairement. Ce clivage n'est pas nécessairement pathologique ; son aspect pathologique correspond à une amplification, à une accentuation d'un phénomène normal.

4) L'indépendance du surmoi par rapport au moi, qui se manifeste notamment à travers les objectifs qu'il poursuit et qui lui appartiennent en propre.

5) La variation possible des rapports entre le surmoi et le moi, la mélancolie demeurant l'affection qui exemplarise la « cruauté » de l'instance critique.

Quant à l'introduction de l'idée que l'idéal du moi est une « fonction » du surmoi, elle va bien au-delà d'une simple attribution de rôle.

55. Ce sont principalement les travaux de M. Klein qui ont conduit Freud à modifier sa position sur cette question, comme d'ailleurs il le reconnaît (cf. *Malaise dans la civilisation* (1929), trad. fr. Paris, PUF, 1971, p. 88).

L'instance critique remplissait jusque-là deux fonctions : conscience morale et auto-observation. La désignation d'une troisième fonction constitue donc, en un certain sens, une innovation, d'autant qu'en la présentant, Freud précise qu'il s'agit d'une « fonction très importante » : le surmoi « représente pour le moi un idéal ; le moi tend à se conformer à cet idéal, à lui ressembler » [56].

L'importance accordée par Freud à cette troisième fonction du surmoi doit attirer et retenir l'attention sur une intrication qui affleure ici à nouveau, mais dans un contexte encore plus significatif : Freud s'interroge sur les sentiments d'infériorité, interrogation qui, une nouvelle fois, vient *en association à la question de l'idéal,* le terme d'association étant à entendre dans son sens technique précis, comme le montre une reprise attentive du raisonnement :

> Passant du désir qu'a le moi de « se perfectionner sans cesse » à l'idée que ce désir est un « résidu » de l'attitude de l'enfant qui « naguère admirait ses parents à cause de la perfection qu'il leur attribuait », Freud poursuit :
> « Vous avez, je le sais, souvent entendu parler du sentiment d'infériorité qui est justement le fait du névrosé et qui hante surtout ce qu'on appelle les belles lettres. L'écrivain qui utilise le mot de complexe d'infériorité croit ainsi satisfaire à toutes les exigences de la psychanalyse et élever le niveau psychologique de son œuvre. En réalité le terme magique de complexe d'infériorité est à peine employé dans la psychanalyse. A nos yeux, ce complexe n'apparaît pas du tout comme quelque chose de simple, d'élémentaire. » [57]

Deux points sont à retenir et à reformuler :

— la quête de l'idéal qui est inscrite dans le moi, confronte à l'impossibilité d'atteindre la perfection, et c'est dans cette confrontation que surgit le sentiment d'infériorité : le moi ne se sent pas coupable, mais inférieur, irréductiblement en deçà, en défaut et non en faute, j'y reviendrai ;

— les causes et le mécanisme du sentiment d'infériorité n'ont pas été élucidés, le passage du terme de sentiment à celui de « complexe » n'étant pas fait pour éclairer la difficulté.

En dépit de cette ouverture, Freud, quelques pages plus loin, persiste dans la juxtaposition culpabilité/infériorité en indiquant que « de pénibles sentiments d'infériorité et de culpabilité » surgissent quand le moi en « vient à désobéir au surmoi » [58]. Persistance à remarquer puisque précédemment, au moment où il évoquait l'hypothèse de « racines érotiques » du sentiment d'infériorité, sa position était plus nuancée. Même s'il affirmait en effet :

---

56. « Les diverses instances de la personnalité psychique », *op. cit.*, p. 88.
57. *Ibid.*, pp. 88-89.
58. *Ibid.*, p. 105.

« c'est dans le rapport du moi avec le surmoi qu'il faut chercher la cause principale du sentiment d'infériorité, ce dernier ne faisant, comme le sentiment de culpabilité, que traduire une tension entre eux deux »,

c'était pour reconnaître aussitôt après :

« Il est d'ailleurs malaisé de distinguer le sentiment d'infériorité de celui de culpabilité [59] ».

Autrement dit, une fois encore, sentiment d'infériorité et sentiment de culpabilité *ne sont pas identiques, et pourtant les distinguer ne semble pas pouvoir se faire.*

Une proposition de Freud complique encore la question :

« Peut-être conviendrait-il de considérer le sentiment d'infériorité comme le complément érotique du sentiment d'infériorité morale. » [60]

Tout se passe comme si, pour spécifier l'infériorité, il fallait en quelque sorte dé-spécifier la culpabilité, qui devient alors, dans un renversement surprenant, infériorité morale.

Un point manifeste de la difficulté réside dans l'imprécision quant à la nature de la tension entre le moi et l'instance critique et idéale, imprécision qui convoque à la fois le double visage de l'instance et la dualité des sentiments : si la nature conflictuelle et agressive de cette tension est évidente quand le moi « désobéit » au surmoi, pourquoi ne pas imaginer une tension d'une nature différente lorsque le moi s'efforce de ressembler à son idéal ?

Cette suggestion éclaire l'impossibilité de différencier plus radicalement — avec la seule conceptualisation freudienne — idéal du moi et surmoi d'une part, infériorité et culpabilité d'autre part.

3. REPRISE ET REFORMULATION

Après ce parcours dans les textes freudiens, ce qui est acquis, c'est le « double visage » de l'instance critique et idéale, et son rôle déterminant dans la production des sentiments de culpabilité et d'infériorité.

Mais proposer une réponse à la question topique formulée par Freud en 1921 — question dont j'ai exposé l'importance pour une spécification des dépressions — implique trois étapes préalables de reformulation :

1) clarifier la fausse synonymie qui embarrasse les instances idéales,

59. *Ibid.*, p. 89.
60. *Ibid.*, p. 89.

2) clarifier, par suite, la dualité des sentiments qu'elles suscitent,
3) redéployer le champ propre du moi-idéal.

Si trois termes figurent, dans les textes freudiens, pour désigner les instances idéales, il faut d'emblée remarquer, et marquer, qu'ils cheminent par deux : moi-idéal et idéal du moi d'abord, de 1914 à 1923 ; idéal du moi et surmoi ensuite, après 1923. Autrement dit, dans les textes, l'apparition du surmoi signe la disparition définitive du moi-idéal.

Tout se passe comme si ce qui doit être conservé, indépendamment de la variation des concepts utilisés, c'est le double visage de l'instance idéale. Car ce double visage existe, et il est affirmé tout au long de l'œuvre.

Je vais tenter de montrer que, si après 1923, idéal du moi et surmoi témoignent chacun de l'un des aspects de ce double visage, *avant 1923, l'idéal du moi subsume à lui seul les deux aspects :* par conséquent, *c'est autre chose que désigne le moi-idéal,* c'est autre chose dont il est appelé à rendre compte.

De ce fait, ce qui disparaît avec la disparition du moi-idéal, c'est la spécificité de ce qu'il désignait : ce qui, précisément, de l'instance idéale éclaire la problématique dépressive, à savoir un absolu de la perfection, indissociable de l'idéalité, figure d'un narcissisme irrémédiablement blessé par son inscription dans la vie, et apprenti-créateur d'une temporalité du désespoir. C'est pourquoi il est indispensable de redéployer le champ propre du moi-idéal pour proposer une réponse à la question topique de 1921.

C'est à H. Nunberg que revient d'avoir poussé la différenciation des instances idéales au plus loin de ce qu'autorise le texte freudien [61]. C'est donc sur certaines de ses avancées que je m'appuierai après les avoir brièvement présentées.

---

61. Nunberg H., *Principes de psychanalyse,* trad. fr. Paris, PUF, 1957. Cf. notamment, ch. V, pp. 122-189. Compte tenu des critiques dont cet auteur a été l'objet, l'avant-propos, écrit par Freud en 1931, mérite d'être reproduit intégralement : « Dans cet ouvrage, Nunberg nous offre la présentation la plus complète et la plus précise que nous ayons aujourd'hui d'une théorie psychanalytique des processus névrotiques. Si quelqu'un recherche une simplification liquidant rapidement tous ces problèmes, il sera déçu par cet ouvrage. Mais s'il préfère une pensée scientifique, s'il sait apprécier une spéculation ne délaissant jamais le fil directeur de l'expérience et s'il sait jouir de la belle multiplicité des processus psychiques, il appréciera cet ouvrage et l'étudiera avec ardeur » (Vienne, octobre 1931). Un article célèbre de D. Lagache fait référence au travail de Nunberg, mais n'en extrait pas les éléments de la différenciation que je propose ; l'auteur semble s'être surtout attaché à montrer que la formation moi-idéal pouvait être considérée comme suffisamment autonome pour être différenciée du « système idéal du moi/surmoi » (cf. « La psychanalyse et la structure de la personnalité », in *La psychanalyse,* 1960, n° 6, pp. 5-54).

a) *La distinction entre idéal du moi et surmoi*

La peur de perdre l'objet aimé n'est pas superposable à la peur d'être puni, même si, pour l'enfant, la punition équivaut à une perte d'amour. C'est ce constat qui conduit Nunberg à énoncer une idée essentielle :

> « ... l'idéal du moi est l'image dans le moi des objets aimés, et le surmoi celle des objets détestés et craints. » [62]

Nunberg ne s'en tient pas là, même s'il nuance d'emblée cette affirmation par un double rappel pertinent : idéal du moi et surmoi se constituant par identifications, l'ambivalence inhérente à toute identification implique à la fois la présence de composantes agressives dans l'idéal du moi, et la présence de composantes libidinales dans le surmoi.

Mais, bien que cette conséquence de l'ambivalence rende difficile de séparer radicalement ces deux notions, qui en outre, le plus souvent, fusionnent dans la réalité, il n'en reste pas moins qu'elle autorise une formulation heuristique : il est incontestable qu'amour et haine jouent un rôle dans la constitution tant de l'idéal du moi que du surmoi, « seulement, tantôt c'est l'un tantôt c'est l'autre qui prédomine » [63]. Et Nunberg suggère même que l'idéal du moi contient plus de libido maternelle, et le surmoi, plus de libido paternelle.

Comment alors ne pas se demander pourquoi ces deux instances sont si souvent confondues, au point d'être parfois utilisées l'une pour l'autre dans la littérature psychanalytique ? Outre leur habituelle fusion dans la réalité et l'intrication amour/haine dans l'une comme dans l'autre, Nunberg invoque une raison supplémentaire : c'est la théorie freudienne elle-même qui est responsable de cet état de choses. En effet, Freud a d'abord privilégié l'aspect libidinal de l'instance (1914) pour ensuite n'examiner pratiquement que son aspect sévère, et même sadique (1923).

b) *La distinction entre deux sortes de sentiments de culpabilité*

Lorsque Nunberg passe à l'étude du sentiment de culpabilité, le terme d'idéal du moi n'est plus mentionné dans le texte. Seul demeure le surmoi, et la référence à sa constitution par intériorisation des images paternelles.

Le sentiment de culpabilité naît d'un conflit entre le moi et le surmoi. Il correspond à la perception, consciente ou inconsciente, de la sévérité du surmoi. C'est un « état d'esprit » qui s'exprime dans le moi sous forme de culpabilité et de besoin de punition.

---

62. Nunberg H., *op. cit*, p. 155.
63. *Ibid.*, p. 157.

Ce rappel conduit Nunberg à distinguer, à la suite de Freud mais quelque peu différemment, deux sortes de sentiments de culpabilité :
— ceux dirigés vers le monde extérieur, le besoin de punition visant la réconciliation,
— ceux dirigés vers le moi, parmi lesquels il cite les sentiments d'infériorité, le besoin de punition visant l'auto-punition.

Et si, chez le primitif, c'est le parricide qui engendre la culpabilité, chez l'homme civilisé, c'est son identification avec le père — ce qui s'entend sous la condition de souligner la dimension destructrice présente à toute identification/incorporation de l'objet dans le moi.

En tenant compte de ces éléments de relecture des textes freudiens par H. Nunberg, et en faisant à nouveau appel à certains points de la théorie kleinienne, la perspective que je propose peut maintenant être reformulée.

Le double visage de l'instance critique et idéale

La double désignation de l'instance, à la fois critique *et* idéale, est appelée à rendre compte des deux fonctions qu'elle assure.

Le texte de 1914 les décrit avec précision, *en les attribuant au seul idéal du moi :*
— une fonction d'idéal, qui se construit peu à peu pour pallier la perte de la perfection, et auquel le moi tente de ressembler et de se conformer ;
— une fonction de critique, liée à l'auto-observation (plus ou moins inconsciente) et à l'évaluation de la distance qui, précisément, sépare le moi de cet idéal.

Dans le texte de 1923, et à partir de là, *la fonction d'idéal est remplie par l'idéal du moi, celle de critique, par le surmoi.*

Ce qui caractérise cette double instance — et qui permet de la différencier radicalement du moi-idéal — c'est qu'elle se constitue par identifications.

Par suite, ce qui permet de distinguer la dualité de ses fonctions, de même que la dualité des sentiments qu'elle provoque, c'est l'ambivalence inhérente à l'identification.

Sous la condition de ne pas perdre de vue l'inscription de l'ambivalence au cœur de tout lien, c'est-à-dire la potentialité de lien libidinal avec l'objet haï et de lien agressif avec l'objet aimé, une possible reconstruction se dessine :
— l'idéal du moi résulte d'identifications aux aspects bons/idéalisés de l'objet ; les objets aimés sont absorbés par le moi et constituent l'idéal du moi, auquel le moi tend ensuite à s'identifier ;

— le surmoi résulte d'identifications aux aspects mauvais de l'objet ; les objets redoutés et haïs sont absorbés par le moi et constituent le surmoi aux exigences duquel le moi tend ensuite à se conformer.

Autrement dit, ce que l'on pourrait nommer le clivage de l'instance, son « double visage », est lié à l'ambivalence, au clivage de l'objet, et à la prédominance de l'un de ses aspects : *lorsque prédomine l'amour, l'idéal du moi suscite la peur de perdre l'amour de l'objet aimé ; lorsque prédomine la haine, le surmoi fait naître la peur d'être puni.*

La dualité des sentiments

Faire reposer la différence entre idéal du moi et surmoi sur la prédominance de l'amour ou de la haine esquisse la distinction à opérer entre sentiments d'infériorité et sentiments de culpabilité, et aussi leur intrication : le moi éprouve un sentiment d'*infériorité lorsqu'il se sent en défaut devant les attentes de son idéal,* il éprouve un sentiment de *culpabilité lorsqu'il se sent en faute par rapport aux exigences de son surmoi* [64].

Ici s'éclaire la désignation de la dépression comme maladie de l'idéal. Plus l'idéalisation des objets introjectés est importante, moins le moi est susceptible de répondre à leur attente, c'est-à-dire à l'attente de son idéal. Et l'on rejoint l'intuition kleinienne : à être trop aimé, l'objet devient persécuteur. Le paradoxe n'est qu'apparent, puisque cet objet idéalisé condamne le moi à ne jamais être « à la hauteur », autrement dit, à souffrir de sentiments d'infériorité.

Mais est-ce bien d'infériorité dont il s'agit ? Question que suscite la clinique des dépressions, et notamment la coexistence, chez le dépressif, d'une toute-puissance à proprement parler infantile et d'une impuissance fondamentalement inhibitrice.

Ne serait-ce pas plutôt le terme de *défaillance* qui conviendrait à la spécificité de la souffrance dépressive : une défaillance radicale, que l'on pourrait même dire existentielle, et qu'aucune réassurance ne console ; une défaillance *qui ne prend sens que référée à l'idéalité* face à laquelle s'entend que le moi se sente « sans vie et sans valeur propres ».

---

64. Dans une perspective quelque peu différente, la distinction entre défaut et faute a été faite par D. Lagache, qui précise que les aspects de la personne mis en cause sont différents dans l'un et l'autre cas. Selon lui, dans l'infériorité, « le sujet souffre de ne pas répondre à sa propre attente », dans la culpabilité, « il souffre de ne pas être conforme à l'idéal du moi, pour autant que l'attente des autres est devenue sa propre attente » (*op. cit.*, p. 44). D. Lagache ne cherche pas à distinguer idéal du moi et surmoi.

Cette nouvelle référence à l'idéalité requiert d'approfondir le lien privilégié entre idéal du moi et moi-idéal, tout en redéployant le champ propre du moi-idéal.

Réévaluation du moi-idéal

Redonner au moi-idéal la place qui lui revient n'est pas simple. En effet, peu travaillé par Freud, et de ce fait longtemps délaissé par ses successeurs, ce concept supporte en outre les conséquences de l'assimilation souvent opérée entre idéal du moi et surmoi.

Et pourtant, le texte de 1914 [65] recèle la spécificité incontestable du moi-idéal : il existe en deçà et *préalablement à toute identification,* dans une antériorité absolue, historique et quasiment génétique, qui ne peut être que fictivement reconstruite.

Le moi-idéal s'est déployé sans concurrence durant les premiers temps de l'existence. « En possession de toutes les perfections », il a offert « en ce temps-là » au moi infantile de connaître la satisfaction absolue : état idéal éphémère pendant lequel le moi expérimente la plénitude narcissique et toute puissante, qui rejette le déplaisir et ne se saisit que du plaisir.

Mais le développement vient faire obstacle à la pérennisation de cet état idéal.

Dès lors que la satisfaction passe par la prise en compte des demandes et des interdits de l'autre aimé, le moi ne peut plus « être lui-même son propre idéal ». L'inflexible réalité s'y oppose, et la déchirure qu'instaure la disparition irréversible de la perfection est irréductible : la satisfaction ne sera jamais plus que relative.

Mais cet état idéal, le moi l'a connu, et parce qu'il l'a connu, il n'y renonce jamais totalement et définitivement [66] : il aspire toujours à retrouver « la perfection narcissique de son enfance », et notamment, « il cherche à la regagner sous la nouvelle forme de l'idéal du moi ». Autrement dit, c'est pour pallier la perte de la perfection que se constitue l'idéal du moi : l'intériorisation des figures parentales, ainsi mises à la place du moi-idéal et auxquelles incombe la fonction de le remplacer, a pour objectif d'éviter le danger désormais majeur, la perte d'amour.

Par là même, l'idéal du moi n'est pour le moi que le « substitut du narcissisme perdu de son enfance » (narcissisme primaire), sur lequel va

65. Cf. « Pour introduire le narcissisme », *op. cit.,* notamment p. 98 d'où sont extraites toutes les citations utilisées dans ce paragraphe. La spécificité du moi-idéal a été explicitée et soulignée par H. Nunberg.

66. Ce qu'indique, d'après Nunberg, le fantasme si fréquent de retour au sein maternel.

se « déplacer » le narcissisme (secondaire). La création de l'instance idéale apparaît là comme un palliatif imparfait, mais nécessaire, qui tisse le lien indéfectible entre moi-idéal et idéal du moi : le moi-idéal est bien l'ancêtre de l'idéal du moi.

Témoin le plus souvent discret de l'expérience passée, la recherche de l'absolue perfection perdure. Car ce temps a existé, et s'il est mort, son souvenir peut demeurer vivant : il reste alors l'objet d'une quête désespérée dont la dépression apparaît comme l'une des figures.

La dépression, maladie de l'idéalité et de la défaillance
Une réponse à la question topique de 1921 ?

C'est une perte bien particulière que met en scène la dépression, et c'est une réponse bien paradoxale que met en œuvre le dépressif.

La recherche historique du premier surgissement de dépression a conduit à reconstruire sa survenue comme consécutive à la perte de l'état idéal, originaire, et non à la perte d'un objet. A cette perte inaugurale, à laquelle aucun humain ne saurait se soustraire, succède nécessairement une première perte d'objet, suivie d'autres, innombrables. Dès lors, c'est la singularité, et notamment du lien à l'objet perdu, qui dessine les contours de la « réponse » à la perte.

Et si la réponse dépressive garantissait contre l'impossible renoncement à la perfection de l'état idéal ?

Et si, pour se défendre de cette perte constituante et déchirante, le moi avait conféré à un objet la perfection connue mais à jamais perdue ?

Et si « l'éclat » de cet objet (et non son « ombre ») était « tombé » sur l'idéal du moi (et non sur le moi) ?

Comment le moi peut-il répondre à l'attente de son idéal lorsque celui-ci abrite, par identification, un objet idéalisé ? Seul le moi-idéal ne serait pas en défaut permanent, ne serait pas « défaillant », et saurait répondre aux attentes de cet idéal du moi/objet perdu idéalisé.

L'étrange oscillation entre l'impuissance et la toute-puissance, qui affleure à la souffrance dépressive, ne dévoile-t-elle pas là la détresse qui l'anime ?

Et c'est ainsi que la dépression se tisse dans le paradoxe.

Ebloui par l'éclat de ce qu'il a connu et perdu, qu'il sait — dans sa lucidité — ne jamais pouvoir connaître à nouveau, mais qu'il ne sait pas — dans son rêve — abandonner, le dépressif ne se maintient dans la vie que par une quête inconsolable et désespérée : quête qui ne le mène pas vers le futur, car il ne se satisfait pas de l'illusion qu'un jour il trouvera ce qui remplacerait ce qu'il a perdu ; quête qui ne l'attire pas vers le passé, car il sait qu'il ne retrouvera pas ce qu'il a perdu, mais qui l'assigne — et c'est là son désespoir — à un présent hors le temps, avec pour unique partenaire une figure auto-conservatrice de la mort, rassurant son narcissisme blessé [67].

4. UNE « POSITION » MANIAQUE ?

Le lien intrinsèque entre manie et mélancolie est impliqué par leur alternance potentielle, décrite à la fois dans la psychiatrie classique et dans les textes freudiens.

Dans la modélisation que je propose, je vais chercher à montrer que :

— du fait de l'idéalisation, *la manie est thématiquement plus proche de la dépression* que de la mélancolie [68] ;

— elle constitue une modalité de réponse si centrale au fonctionnement psychique qu'il convient, pour en rendre compte, d'argumenter l'existence d'une « position maniaque », aussi constituante du développement que la « position dépressive », ainsi que l'a suggéré M. Klein.

Éléments de la théorie freudienne

En 1915 [69], la tendance de la mélancolie à « se renverser » en manie, c'est-à-dire en son contraire — tendance qui n'est pas une règle — apparaît à Freud comme « la particularité la plus singulière » de cette affection, comme « celle qui a le plus besoin d'être élucidée ».

La théorie psychanalytique dispose de quelques éléments de compréhension, mais selon Freud lui-même, à cette époque, le mécanisme maniaque n'est pas encore expliqué : l'explication proposée est, en effet, trop imprécise et suscite plus de doutes qu'elle n'offre de réponses. L'une des difficultés de cette recherche a été soulignée par K. Abraham (auquel Freud attribue d'ailleurs certaines des idées avancées dans ce texte) : dans leurs moments maniaques, les patients sont peu enclins à consulter.

Plusieurs points sont néanmoins présentés :

— De même que le deuil a été posé comme prototype normal de la mélancolie, de même certains états de la normalité la plus banale —

---

67. Ce paradoxe majeur de la dépression fera l'objet du chapitre IX.

68. On peut remarquer que l'alternance entre mélancolie et manie a d'emblée été désignée sous le terme de maladie/psychose maniaco-*dépressive,* et non pas maniaco-mélancolique.

69. Cf. « Deuil et mélancolie », *op. cit.,* notamment pp. 165-167 et 173.

états « de joie, de jubilation, de triomphe » — sont désignés comme le « prototype » de la manie parce qu'ils présentent « les mêmes conditions économiques » qu'elle, à savoir : la mise à la disposition du moi d'une quantité d'énergie psychique qui, jusque-là, était accaparée notamment à des fins de contre-investissement, et qui se trouve tout à coup disponible. Les exemples choisis par Freud dans la vie quotidienne pour illustrer cela ne font que renforcer l'idée de la normalité de ces états, qui ont pourtant toutes les caractéristiques de la manie [70].

— Les symptômes qui caractérisent l'état maniaque — exaltation de l'humeur, joie, activité — sont « en pleine opposition » avec les symptômes de l'état mélancolique — dépression et inhibition. Et pourtant, il y a identité de « contenu » entre mélancolie et manie, ce qui implique que le maniaque est, lui aussi, confronté à une perte. La différence semble résider dans les rapports que le moi entretient avec cette perte : dans la mélancolie, il y a « succombé » ; dans la manie, il l'a « maîtrisée ou écartée », il a « surmonté la perte de l'objet (ou bien le deuil relatif à cette perte, ou bien peut-être l'objet lui-même) ». [71]

Cette hésitation de Freud quant à ce qui a été surmonté dans la manie est particulièrement intéressante, car elle redouble l'incertitude exprimée sur ce que le mélancolique a perdu ; et si la manie est désignée comme un « triomphe », c'est là encore sur le modèle inversé de la mélancolie : le maniaque ne sait pas « ce qu'il a surmonté et ce dont il triomphe ». Une seule chose paraît acquise : il est « libéré de l'objet qui l'avait fait souffrir », ce que met en évidence l'énergie psychique dont il dispose et qui a été libérée par l'achèvement du travail de la mélancolie [72] ; ce qui confirme par ailleurs la prédominance de l'aspect mauvais de l'objet dans la mélancolie.

— C'est essentiellement l'aspect économique de la manie qui retient l'attention de Freud dans ce texte. Il cherche à saisir le mécanisme à l'origine de la libération de l'énergie psychique qui témoigne du passage de l'état mélancolique à l'état maniaque.

Il examine cette question au regard de l'axe des complications du deuil, et le constat clinique auquel il se soumet est important : lorsque

---

70. « Par exemple, lorsqu'un pauvre diable est tout à coup délivré de son souci chronique du pain quotidien par le gain d'une forte somme d'argent, lorsqu'une lutte longue et laborieuse se voit finalement couronnée par le succès, lorsqu'on parvient à se débarrasser d'un seul coup d'une obligation pesante, d'une dissimulation longtemps poursuivie, etc. » (*ibid.,* p. 166). Les travaux de D.W. Winnicott apparaissent ici en continuité directe avec les idées de Freud (Cf. notamment : « La défense maniaque », trad. fr. in *De la pédiatrie à la psychanalyse,* Paris, Payot, 1969, pp. 15-32).

71. « Deuil et mélancolie », *op. cit.,* pp. 166 et 167.

72. *Ibid,* p. 167.

s'achève le conflit qui a occasionné une névrose obsessionnelle/deuil pathologique, « il ne reste rien qui ressemble au triomphe d'un état maniaque » [73]. Par conséquent, et contrairement à la piste qui était suivie, ce ne sont pas des modifications liées à l'ambivalence, mais bien plutôt à la régression de la libido dans le moi qui sont à l'origine de l'alternance mélancolie/manie.

Si l'on se souvient de la place à laquelle je suggère d'inscrire la dépression sur ce même axe des complications du deuil, et de la distinction que je propose d'opérer au titre de l'aspect prédominant de l'objet, le constat de Freud se présente comme une confirmation : l'idéalisation de l'objet, *dans la dépression comme dans la manie,* permet de penser qu'un moment maniaque ne saurait faire suite à un conflit obsessionnel, puisque dans ce dernier, c'est l'aspect mauvais de l'objet qui prédomine.

Cette piste se complique de la question topique, qu'il faut élucider pour rendre compte de l'alternance mélancolie/manie.

C'est précisément à cette question topique que Freud consacre une partie du texte de 1921, celle justement où il reprend le problème des oscillations de l'humeur [74].

Sensation de triomphe et manie sont ici examinées au titre des rapports spécifiques entre moi et idéal du moi qu'elles mettent en scène, à savoir : la disparition momentanée de l'écart entre le moi et son idéal, plus ou moins fréquente selon les individus, et qui assure au moi une auto-satisfaction narcissique. En illustrant cet effacement temporaire de la « scission » par « l'institution des fêtes », Freud n'indique-t-il pas, implicitement, le caractère normativant de la manie ?

Mais ce sont les oscillations de l'humeur — et plus particulièrement les oscillations apparemment spontanées — qui réintroduisent l'aspect énigmatique de l'alternance mélancolie/manie.

Deux indices laissent entendre que le renversement en manie est un mécanisme « indépendant » : d'une part, la manie ne succède pas toujours, et donc pas nécessairement, à la mélancolie ; d'autre part, la nature de la mélancolie (psychogène ou spontanée) n'a pas d'incidence sur cette alternance.

Freud avance alors que l'épisode maniaque correspondrait à un moment où « l'idéal du moi se dissout temporairement dans le moi après avoir exercé préalablement un pouvoir particulièrement rigoureux [75] ». De telle sorte que la manie réalise l'état exactement inverse de la mélancolie : là où, dans cette dernière, il y a division et opposition entre le moi

---

73. *Ibid.*, p. 173.

74. Cf. « Psychologie des foules et analyse du moi », *op. cit.*, notamment pp. 201-203.

75. *Ibid.*, p. 202.

et l'instance critique, dans la manie au contraire, il y a dissolution de l'un dans l'autre, confluence de l'un avec l'autre, la disparition de l'autocritique suscitant le triomphe et le « ravissement de soi-même ».

Mais cette explication de Freud se double d'une question, qui demeure, et qui lui apparaît comme « la seule » : quelle est « l'origine » de la modification des relations entre le moi et l'idéal du moi ? Et s'il envisage les « rebellions périodiques » contre l'instance créée pour pallier la perte de la perfection, il considère aussi que « d'autres états de choses » pourraient être incriminés — ce qui ouvre le champ des hypothèses.

Puisque l'opposition de l'instance critique naît de la condamnation qu'elle adresse à la partie du moi modifiée par son identification à l'objet, la modification des relations entre moi et idéal du moi ne serait-elle pas *consécutive à ce qui est vécu comme modification de l'objet,* et plus précisément, comme modification de son aspect prédominant ?

Se saisissant bien d'un autre état de choses, cette perspective vient surtout en écho à celle que j'ai proposée sur le lien entre mélancolie et dépression. Mais elle ne répond pas à une autre question, essentielle et déjà rencontrée : « savoir si l'objet est mis à la place du moi ou de l'idéal du moi. »

Or, cette question — il faut le remarquer — est formulée par Freud dans un contexte sous-entendant que l'aspect prédominant de l'objet, c'est son aspect bon, voire idéalisé : l'état amoureux. De fait, le lien entre dépression et état amoureux redouble, en quelque sorte, l'idée de l'identité thématique entre dépression et manie [76].

Le chapitre du texte de 1923 [77] qui introduit le concept de surmoi s'ouvre quasiment sur un rectificatif que Freud apporte à l'une des propositions formulées par lui en 1921. A cette date, il avait désigné l'épreuve de réalité comme l'une des fonctions de l'idéal du moi. Deux ans plus tard, il dit avoir sur ce point « commis une erreur qui exige rectification » : compte tenu de ses relations avec la perception, c'est au moi qu'incombe l'épreuve de réalité [78]. Cette rectification s'éclaire et se complique d'une précision donnée dans ce même chapitre : le moi étant le « représentant du monde extérieur, de la réalité », et l'idéal du moi, le « mandataire du monde intérieur, du ça », les conflits entre moi et idéal reflètent « l'opposition entre réel et psychique ». [79]

76. Il conviendrait ici d'approfondir les rapports entre état amoureux et passion amoureuse.

77. Cf. « Le moi et le ça », *op. cit.,* notamment pp. 240, 249, 268.

78. *Ibid.,* p. 240, note 2.

79. *Ibid.,* p. 249.

Il convient de remarquer que Freud avait attribué à l'idéal du moi la fonction « épreuve de réalité » au moment où il examinait les rapports entre le moi et l'idéal dans l'hypnose et l'état amoureux — situations impliquant toutes deux la prédominance de l'aspect bon/idéalisé de l'objet, et supposant en outre quelque chose qui s'apparente au « bien-être accru » concomitant de la tonalité maniaque de l'humeur. Or, ces deux situations, du fait notamment de l'adéquation entre le moi et l'objet mis à la place de l'idéal du moi, sont du côté du monde intérieur, du ça.

En restituant au moi l'exercice de l'épreuve de réalité, Freud indique que cette adéquation est un désir du ça, un désir dont la réalisation momentanée procure au moi un sentiment de bien-être accru, peut-être de triomphe, et en tout cas, d'actualisation anachronique de la toute-puissance infantile où la réalité apparaît conforme au désir, mais un désir qui, en tant que tel, ne saurait être associé à l'épreuve de réalité.

Cette rectification argumente, par conséquent, la proximité thématique entre manie et dépression, *au titre de l'objet idéalisé.*

Par ailleurs, ce texte introduit une idée essentielle : la manie peut être considérée comme une *défense* contre la mélancolie — j'ajouterai : et contre la dépression [80].

Quant au texte de 1932, outre la confirmation des idées déjà énoncées, il contient une formulation qui enrichit la description de l'état maniaque et de son mécanisme :

> « le moi se trouve dans un délicieux état de griserie, il triomphe, comme si le surmoi avait perdu toute sa puissance ou comme s'il avait fusionné avec le moi » [81].

La « fusion » ne rend-elle pas l'idée d'adéquation parfaite encore plus percutante ? et le « délicieux état de griserie » n'évoque-t-il pas le bien-être absolu auquel se mêle un certain sentiment de toute-puissance ?

Ces précisions successives, relevées dans les textes freudiens, convergent vers la mise au jour du mécanisme maniaque : le moi coïncide, fusionne avec l'idéal du moi, tandis que le surmoi est impuissant, comme momentanément désarmé.

---

80. Dans la mélancolie, le surmoi « réussit assez souvent à mener le moi à la mort, si ce dernier ne se défend pas à temps de son tyran en virant dans la manie » (*ibid.,* p. 268). Je reviendrai sur la question du suicide dans la troisième partie.

81. « Les diverses instances de la personnalité psychique », *op. cit.,* p. 84.

Éléments de la théorie kleinienne

M. Klein accorde une place centrale à la réponse maniaque, qu'elle associe tantôt aux constellations de l'axe des complications du deuil, tantôt à la position dépressive. C'est sur cette question que se manifeste, avec le plus de fidélité, sa double filiation analytique : à S. Ferenczi d'abord, à K. Abraham ensuite.

M. Klein caractérise la manie par le sentiment de toute-puissance et le déni, tant de la réalité psychique que de la réalité extérieure [82]. Toute-puissance et déni sont intimement liés, et se présentent comme réponse en quelque sorte nécessaire devant la violence des difficultés et des perturbations qu'impose au moi l'accès à la position dépressive.

Le rôle de la toute-puissance dans l'aménagement des rapports qu'entretient le fonctionnement psychique avec la réalité a été mis en évidence par Freud, et détaillé surtout par S. Ferenczi [83]. Mais problématiser ce rôle conjointement à celui du déni d'abord, puis de l'idéalisation et enfin du clivage, pour définir l'alliage spécifique de la position maniaque, revient à M. Klein (qui maintient toutefois la toute-puissance dans une certaine priorité).

C'est sans doute ce qui lui permet d'affirmer qu'à son avis, la position dépressive et la position maniaque « font partie du développement normal » [84], autrement dit, d'*attribuer à la position maniaque un rôle aussi central que celui donné à la position dépressive.*

Cette affirmation se justifie par les liens multiples simultanément posés, soit au titre de la *position,* soit au titre de la *défense,* en référence à l'axe des complications du deuil :

— Face à la perte, la réponse maniaque est une réponse défensive quasiment inévitable du fait de l'ambivalence et de la toute-puissance, mais elle apparaît également comme un obstacle à surmonter pour que s'accomplisse le travail du deuil.

— La réponse maniaque est une réponse défensive contre la mélancolie, lorsque cette affection s'est instaurée.

Vu le lien quasiment « génétique » qu'elle établit entre état dépressif et état paranoïde, M. Klein étend en outre la défense que constitue la réponse maniaque à la situation paranoïaque de persécution. Tout se passe comme si les défenses maniaques parvenaient à réaliser le compro-

82. Cf. « Contribution à l'étude de la psychogenèse des états maniaco-dépressifs », *op. cit.,* pp. 327-328.

83. Cf. Ferenczi S., « Le développement du sens de réalité et ses stades » (1913), trad. fr. in *Œuvres complètes,* T. II, Paris, Payot, 1970, pp. 51-65.

84. « Contribution à l'étude de la psychogenèse des états maniaco-dépressifs », *op. cit.,* p. 336.

mis qui permet au moi de conserver l'aspect bon de l'objet dont il dépend et dont il a besoin, tout en se libérant de l'aspect qu'il redoute.

— Les défenses maniaques sont dans un rapport étroit, de complémentarité et d'alternance, avec les défenses obsessionnelles [85]. Les deux types de défenses sont activés par le besoin de réparation. Tant que la toute-puissance permet de minimiser ou de nier les dangers, les défenses maniaques fonctionnent ; lorsqu'elle est mise en échec, les défenses obsessionnelles prennent le relais.

Dans la mesure où les mécanismes obsessionnels sont également une défense contre les angoisses paranoïdes, on peut ici se demander si l'aspect prédominant de l'objet n'intervient pas dans l'alternative, c'est-à-dire dans le choix de la défense la mieux appropriée, surtout si l'on tient compte du rôle essentiel de l'idéalisation dans la réponse maniaque. Autrement dit, selon que prévaut, dans la tentative de maîtrise toute-puissante de l'objet, l'idéalisation ou la dévalorisation, le type de défense mis en œuvre est différent.

— La réponse maniaque joue un rôle défensif face à la position dépressive [86]. Le moi est contraint d'élaborer, au fur et à mesure de son développement, des moyens de défense adéquats aux modifications de ses angoisses. Lorsqu'est atteinte la position dépressive, certains de ces moyens sont regroupés, par M. Klein, sous le nom de « défenses maniaques » ou de « position maniaque », « à cause du lien qui les unit à la maniaco-dépressive ». Et il est précisé que ces moyens « sont d'une portée fondamentale pour l'organisation du moi dans son ensemble ». Ce qui vient en écho de l'affirmation selon laquelle le moi doit trouver les moyens de « supporter le désastre dont il se sent menacé lorsque la position dépressive atteint son point culminant ». Cependant, si les défenses maniaques sont trop actives, elles risquent de compromettre l'élaboration de la position dépressive [87].

Les divers mécanismes mis en œuvre dans la position maniaque se compliquent du contenu différentiel des fantasmes, différence qui est reliée, par M. Klein, à l'aspect prédominant de l'objet concerné par le fantasme.

Ce sont les angoisses dépressives qui conduisent le moi à « échafauder des fantasmes de violence et de toute-puissance, tant pour maîtriser

85. Cf. *ibid.*, p. 339 ; et « Le deuil et ses rapports avec les états maniaco-dépressifs », *op. cit.*, pp. 346-349.

86. Cf. « Le deuil et ses rapports avec les états maniaco-dépressifs », *op. cit.*, pp. 346-347.

87. Cf. « Sur les critères de fin d'analyse », *op. cit.*, p. 9.

et dominer les mauvais objets dangereux, que pour sauver et réparer les objets aimés »[88]. En fait, destructeurs ou réparateurs, les fantasmes sont déterminés par la toute-puissance, dont le rôle princeps s'enrichit de ses intrications avec le déni et l'idéalisation (le clivage, indissociable du déni, ne prenant réellement importance, en tant que tel, que dans les textes postérieurs à 1940[89]).

Une formulation de M. Klein est à retenir pour sa connotation éminemment temporelle : la maîtrise toute-puissante, propre à la défense maniaque, consiste notamment à garder l'objet « en état d'animation suspendue »[90]. Tout se passe comme si la maîtrise inhérente à la toute-puissance cherchait à prendre pouvoir sur le temps, et sur la mort.

Autrement dit, la toute-puissance à l'œuvre dans la défense maniaque donne le double pouvoir de tuer et de faire revivre, pouvoir qui fait fi de l'irréversibilité du temps et de la mort.

Il semble s'agir de protéger à la fois le moi et l'objet, et plus précisément, de protéger le moi de l'objet, et l'objet du moi. Mais est-ce seulement de cela dont il est question ? On peut se le demander lorsque M. Klein indique que les défenses maniaques ne sont « pas incompatibles avec un certain degré d'équilibre et de force du moi », même si elles « s'accompagnent d'un caractère de superficialité »[91].

La superficialité en effet, qui se manifeste comme une entrave à la prise de conscience, ne serait-elle pas non seulement compatible, mais nécessaire à l'adaptation du moi, à sa normalité ?

Et là se trouve rejointe la perspective que j'argumente : « l'oscillation entre la position dépressive et la position maniaque est un élément essentiel du développement normal »[92] — j'ajouterai : et de la vie adaptée.

---

88. « Le deuil et ses rapports avec les états maniaco-dépressifs », *op. cit.*, p. 346.

89. En 1946, par exemple, réaffirmant que « les intenses sentiments d'omnipotence » sont « une des caractéristiques du premier psychisme », M. Klein indique qu'idéalisation et déni « sont fondés sur le clivage simultané de l'objet et du moi » (« Notes sur quelques mécanismes schizoïdes », *op. cit.*, p. 281).

90. « Le deuil et ses rapports avec les états maniaco-dépressifs », *op. cit*, p. 349. Cette belle image a été donnée à M. Klein par un patient chez lequel prédominait la défense maniaque : « ... les objets étaient tués, mais le sujet étant tout-puissant, il se disait qu'il pourrait aussi les ranimer instantanément. Un de mes patients parlait de ce processus en disant qu'il "suspendait leur animation". Le meurtre correspond au mécanisme de défense (conservé depuis la phase la plus précoce) consistant à détruire l'objet ; la résurrection correspond à la réparation faite à l'objet. Le moi, dans la manie, effectue un compromis analogue dans sa relation aux objets réels » (« Contribution à l'étude de la psychogenèse des états maniaco-dépressifs », *op. cit.*, pp. 328-329). Je reprendrai l'idée de « suspension » dans la troisième partie.

91. « Sur les critères de fin d'analyse », *op. cit.*, p. 9.

92. « Le deuil et ses rapports avec les états maniaco-dépressifs », *op. cit.*, p. 346.

Devant la réalité, la réponse adéquate, en ce qu'elle permet d'aménager le rapport à cette réalité, consiste en une oscillation, si l'on peut dire harmonieuse, entre la réponse dépressive et la réponse maniaque. Cette oscillation est déterminée essentiellement par les modifications des représentations d'objet, même si parfois, elle est apparemment consécutive à une modification des circonstances extérieures.

Et dans la mesure où la réponse maniaque semble aussi nécessaire à l'adaptation que la réponse dépressive, n'est-il pas pertinent d'imaginer un axe — sur le modèle de celui des complications du deuil — rendant compte des complications possibles de la manie : c'est-à-dire allant, parallèlement au deuil et de façon indissociable de lui, *de la manie « normale » ou position maniaque, à la manie de la maladie maniaco-dépressive, en passant par une manie « pathologique »* du fait de l'excès de son caractère défensif.

Si j'ai souligné jusqu'à présent la proximité thématique entre manie et dépression, la désignation de l'idéalisation comme conjointement centrale à l'une comme à l'autre, comme point nodal de cette proximité thématique, appelle maintenant une nécessaire différenciation : *l'idéalisation maniaque valorise le moi en maîtrisant l'objet, en triomphant de l'objet, tandis que l'idéalisation dépressive valorise l'objet et anéantit le moi, ou tout du moins, le condamne à une insurmontable défaillance.*

Cette nouvelle proposition renforce et redouble le lien et l'intrication entre manie et dépression.

Avant de retracer en résumé l'essentiel de ce chapitre, il convient de recentrer son mouvement : les distinctions proposées, pour être exposées, ont été nécessairement accentuées. Est-il besoin de rappeler qu'elles ne sont en aucun cas à entendre comme des catégorisations rigides, simplificatrices ou généralisables ?

Ceci étant posé, il semble pertinent et cliniquement opératoire, au titre de la prédominance de l'aspect mauvais ou de l'aspect bon/idéalisé de l'objet, de différencier le syndrome mélancolie du syndrome dépression : dans le premier, l'aspect « mauvais » de l'objet prédomine, il provoque angoisse et culpabilité et engendre une maladie du surmoi ; dans le second, l'aspect idéalisé de l'objet prédomine, il provoque dépression et défaillance/infériorité, et engendre une maladie de l'idéalité (moi-idéal/idéal du moi). Quant aux défenses maniaques, actives dans l'un et l'autre syndromes tout comme dans la normalité, elles sont thématiquement plus proches de la dépression que de la mélancolie, du fait de l'idéalisation de l'objet.

TROISIÈME PARTIE

MORT ET DÉPRESSION

Nous ne sommes tués que par la vie :
la mort est l'hôte
René Char

Mourir,
c'est passer à travers le chas de l'aiguille
après de multiples feuillaisons.
Il faut aller à travers la mort
pour émerger devant la vie
dans l'état de modestie souveraine
René Char

Comment repenser les modélisations proposées dans les deux premières parties de ce livre au regard du lien entre la mort, le temps et le fonctionnement psychique ?

Autrement dit, comment ressaisir l'intimité de ce lien au décours des éléments assemblés, ou construits, et ce, dans un mouvement qui s'autorise à laisser de côté les repères traditionnels et les classifications, afin de discerner ce qui, de la dépression, appelle la référence conjuguée à la mort, au temps et à l'idéalité [1] ?

Ou encore, comment rendre compte de la spécificité du fonctionnement dépressif — mais maintenant, au titre de son « aménagement » du temps et de son « arrangement » avec la mort — pour celui qui se dispose, par l'écoute, à entendre et à reconnaître ce qui, dans la parole du dépressif, fait éprouver à l'autre la violence d'une inquiétante familiarité ?

A la limite peut-être du champ de l'analyse, seule la prudence convient pour tisser pas à pas l'idée que, dans la dépression, *la mort assure une fonction auto-conservatrice ;* idée qui convoque, en écho, la question des rapports entre le temps dans la dépression et le temps dans l'analyse, c'est-à-dire entre le fonctionnement dépressif et le fonctionnement analytique.

1. Cette troisième partie s'inscrit dans une filiation explicite des travaux de P. Fédida. Les guillemets de certains intertitres sont là pour rappeler que les formulations choisies lui appartiennent.

Mais les fils nécessaires à ce tissage s'entrecroisent, souvent s'emmêlent, et parfois même se rompent. Qui s'en étonnerait ?

Si certains des traits rassemblés dans cette partie sont présents aux multiples formes cliniques de la dépression, il me paraît nécessaire, en raison même de cette multiplicité, de restreindre *l'inquiétante familiarité* dont je parle à une forme que je nommerai *dépression-limite,* afin de souligner *la question existentielle qu'elle engage et l'impossibilité d'y répondre.*

Familière en ce qu'elle résonne au plus intime de l'humain : la constitution de son humanité au travers de la perte et de la déchirure — ce qui permet de la penser en termes de « normalité négative » ou d'« hypernormalité »[2]. Inquiétante, à moins de vouloir se persuader qu'il existe un remède au désespoir.

Cette réserve, Freud ne l'aurait vraisemblablement pas démentie, lui qui, en un alliage exigeant d'humour et de gravité, livre ainsi, à la fin de sa vie, l'une de ses rares hypothèses sur la dépression :

> « Dès qu'on s'interroge sur le sens et la valeur de la vie, on est malade, car ni l'un ni l'autre n'existe objectivement : on avoue simplement posséder une réserve de libido insatisfaite, à laquelle quelque chose d'autre a dû arriver, une sorte de fermentation aboutissant à de la tristesse et à de la dépression. Ces explications que je vous donne ne sont évidemment pas fameuses. Peut-être parce que je suis moi-même trop pessimiste. Un *advertisement* me trotte par la tête et je le considère comme la plus hardie et la plus réussie des réclames américaines : *Why live, if you can be buried for ten dollars ?* (Pourquoi vivre si vous pouvez vous faire enterrer pour dix dollars ?) »[3]

Dénominateur commun de toutes les formulations que j'avance, le *paradoxe* cisèle la dépression, et seul son maintien, comme tel, est opératoire pour prendre la mesure de l'écart dépressif à l'idéalité fictive de la norme, à condition toutefois que soit également maintenue la référence au négatif.

Le point de fuite du paradoxe peut s'énoncer en une formulation qui restitue d'emblée le lien mort/dépression : « La dépression ne serait-elle pas l'expérience vitale de la mort impossible ? ».[4]

Tout part de cette impossibilité, tout converge vers elle, chaque proposition paradoxale cherchant à éclairer l'une des multiples facettes de la mort qui, pas plus que le temps, ne se laisse cerner.

---

2. Pour reprendre des expressions utilisées respectivement par P. Fédida et D. Widlöcher.

3. Lettre du 13.8.1937 à Marie Bonaparte, in *Correspondance 1873-1939, op. cit.,* p. 476.

4. Question formulée par P. Fédida, « La grande énigme du deuil. Dépression et mélancolie », in *L'absence,* Paris, Gallimard, 1978, p. 71.

VIII

Les paradoxes de la dépression

Le paradoxe de la « hauteur horizontale »

A partir de notions empruntées à la phénoménologie, la mort se désigne comme ce qui fait rupture et introduit l'avènement du temps de la finitude, la verticalité, à laquelle s'oppose l'horizontalité du temps de la répétition à l'œuvre dans la dépression.

La répétition protège contre l'irruption de la verticalité. Elle fonde, en effet, la certitude d'une réversibilité du temps, qui court-circuite le savoir de l'inéluctabilité de la mort [1].

Mais avant de spécifier la répétition mise en œuvre pour garantir l'horizontalité du temps, il faut se souvenir que la dépression est une maladie de l'idéalité. L'articulation est complexe, mais néanmoins possible : la dépression est « une maladie de la hauteur pour ainsi dire "horizontale" (l'idéalité absolue, trop haute) » [2].

Cette idéalité trop haute affleure à l'exigence insoutenable du dépressif, exigence absolue — ou exigence d'absolu — que sa radicalité condamne à demeurer inassouvie ; exigence qui n'obtient en retour que la seule réponse qu'elle se donne : la connotation de dérisoire qui affecte le quotidien.

---

1. Concernant ce que j'avance à propos de la temporalisation subjective, dans la « normalité » et dans la dépression, je m'appuie ici sur des travaux que j'ai publiés antérieurement et que j'ai déjà mentionnés.

2. Fédida P., « L'objeu », in *L'absence, op. cit.*, p. 149.

Et si la troublante lucidité du dépressif était avant tout défensive ? Et si cette défense le préservait de l'idéalité, en inversant ce qui ne peut s'autoriser à être reconnu comme essentiel, mais qui, par le renversement opéré, trouve la justification de la place assignée avec exactitude aux choses vues de trop haut : une place nécessairement et incontestablement dérisoire ?

Le paradoxe du « vide trop plein »

Constante clinique de la dépression, le sentiment de vide est paradoxalement convoqué par le dépressif pour caractériser un moi tout au contraire trop plein d'un état/objet idéalisé pour lequel il n'est que « coquille ». Trop plein, peut-être aussi, d'un investissement qui a reflué en lui, ou d'une libido insatisfaite qui a « fermenté » ?

Le vide, ainsi conçu, apparaît lié à la conservation, au vital, en ce qu'il implique un investissement du moi[3], mais un investissement dépourvu de représentations.

Cette absence de représentations, qui donne sens à l'attente dépressive, n'est pas sans évoquer ce qui pourrait se concevoir comme une hypocondrie du moi.

Le paradoxe de l'« attente de rien »

Attendre sans savoir ce qu'on attend, ce n'est pas rien attendre, c'est attendre rien, c'est attendre dans une incapacité à se représenter ce qu'on attend. Tout contenu semble avoir déserté la pensée.

Ce « rien » ne serait-il pas le masque rassurant qu'emprunte un « tout » autrement terrifiant ? Un tout qui ne peut se dire, qui ne peut même se penser — indicible parce que impensable —, totalité qui dénonce l'idéalité qui l'anime ? Méconnaissable sous l'apparence du rien, il abrite en secret l'impossible renoncement à la complétude absolue et

3. Cet éclairage particulier engage la nécessité de réévaluer les liens entre la dépression et les multiples configurations qui peuvent en être rapprochées au titre de l'investissement/désinvestissement du moi : par exemple, dépression et sommeil, dépression et hypnose, dépression et état amoureux, et ce, à partir des rapports posés par Freud entre sommeil et hypnose, hypnose et état amoureux. Ces entrecroisements sont à questionner en fonction des similitudes (retrait de l'investissement du monde extérieur) et des différences (investissements nouveaux : le moi dans la dépression et le sommeil, l'objet dans l'hypnose et l'état amoureux) ; à partir aussi des diverses voies qu'emprunte l'identification du moi à l'objet.

définitive. L'espoir le plus irréaliste cohabite ainsi avec le plus réaliste des désespoirs.

L'attente sans représentation n'a-t-elle pas pour effet d'annuler ce qui, du trop plein, ferait risque de rupture, là où le vide au contraire garantit le maintien d'une stabilité inerte, sans vie, donc sans mort ?

Quant à l'attente elle-même, elle met en scène un premier élément spécifique de la temporalité défensive propre à la dépression : la *suspension.*

L'attente suspend la menace inhérente au déroulement, l'immobilité assurant imaginairement la protection d'une interminable continuation dont la cessation est comme exclue. Autrement dit, la fonction essentielle de l'attente, dès lors qu'elle ne se soutient d'aucune représentation, ne serait-elle pas de suspendre le temps de vie, de telle sorte que l'immanence de son interruption serait comme conjurée ? L'attente dépressive est une *attente hors le temps.*

Mais la fixité n'est qu'apparente. L'immobilité est, en fait, immobilisation défensive qui se sous-tend d'une illusion réciproque : en s'immobilisant, le dépressif peut croire conserver une maîtrise toute puissante qui, chez l'autre, induit la fausse évidence d'une passivité. Tous deux sont dans un leurre : aucune tentative de fixation, qu'elle prenne forme d'arrêt ou de succession d'instants, n'est susceptible d'arrêter l'écoulement du temps.

Même si le dépressif « fait le mort », même s'il « mime la mort », la suspension demeure comme animée de l'intérieur, vibrante de l'attente qui la détermine, et instaure ce qui se donne à voir comme un « état d'animation suspendue ». C'est bien cela que rappelle le passage toujours possible de l'apparente passivité dépressive à l'activité maniaque [4].

L'attente sans représentation ne serait-elle pas alors la réponse la plus exacte à la remémoration sans souvenir — ainsi nommée, je le rappelle, parce que mémoire d'un état qui ne saurait être remémoré —, si présente à la dépression ?

---

4. Cette perspective corrobore les propositions de D. Widlöcher lorsqu'il analyse, *dans les limites rappelées de la comparaison,* les résultats des expérimentations faites chez l'animal, et qu'il cherche à définir ce qu'est la « réponse dépressive » : la réaction dépressive « est liée à l'impossibilité d'échapper à une situation pénible, à l'incapacité de pouvoir changer cette situation » ; la dépression serait une « attitude active de retrait et de repli liée à une situation sans issue » (*Les logiques de la dépression,* Paris, Fayard, 1983, p. 240). Et plus loin : « Le paradoxe de la dépression serait de réaliser une réaction de passivité comme expression active de fermeture aux incitations extérieures. L'idée maîtresse qui se dégage de l'ensemble de ces données expérimentales est donc bien que la dépression n'est pas un accident, mais une réponse active à une situation "impossible", une réaction de catastrophe à des événements pour lesquels le répertoire habituel des conduites fait défaut » (*ibid.,* p. 245).

Le paradoxe d'une perte qui a « déjà eu lieu — nulle part — jamais »

Tenir simultanément la comparaison entre la dépression et le deuil, et la désignation de la dépression comme défense contre le deuil, fait émerger une figure de la mort bien particulière.

Le dépressif n'est pas en train d'accomplir un travail de deuil ; il est dans un état endeuillé, ou mieux, dans une *stase endeuillée* qui est à considérer comme une organisation défensive témoignant de l'impossibilité du deuil auquel il est confronté : le deuil de l'idéalité.

Cette proposition éclaire la constatation clinique selon laquelle c'est précisément un deuil — un deuil consécutif à une perte actuelle par opposition à la perte de l'idéalité qui a « déjà eu lieu — nulle part — jamais » — qui est souvent appelé par les patients dépressifs, dans l'illusion que ce deuil les sortirait (?) de leur état.

Quoi de plus significatif pour mettre en évidence que la mort à l'œuvre dans la dépression a non seulement une figure spécifique, mais aussi une fonction ? Figure et fonction qui se laissent pressentir si l'on envisage la répétition comme une expression de la défense dépressive, ce qui convoque aussitôt un deuxième élément de la temporalité propre à la dépression : la *dé-chronologisation,* et son outil princeps, l'*anticipation,* qui participe de l'impossibilité de la mort.

Tout se passe comme si c'était l'historicité/historicisation de la perte à l'origine de la dépression qui était paradoxale : cette perte est-elle d'une irréalité trop réelle, ou d'une réalité trop irréelle ? Ce qui s'entend si l'on maintient la secondarité de la perte de l'objet (idéalisé) par rapport à la perte de l'état idéal.

Mettre au jour la spécificité du deuil dépressif passe donc par un questionnement nouveau sur l'importance, maintes fois soulignée, de la temporalité différentielle de l'événement apparemment déclenchant dans les affections inscrites sur l'axe des complications du deuil.

Le mélancolique affronte une perte qui a déjà eu lieu, tandis que l'obsessionnel redoute une perte qui n'a pas encore eu lieu et qui, si elle survient, engendre un deuil pathologique [5]. *Et si la dépression dé-*

5. Important est ici le rappel du mécanisme décrit par Freud : l'instauration d'une névrose obsessionnelle répond à la peur d'une perte à venir, et plus précisément, pour tous les cas dont il a « pénétré le mystère », à la peur de la mort (Cf. *Totem et tabou, op. cit.,* p. 103 ; cf. également : « Actes compulsionnels et exercices religieux », *op. cit.,* pp. 138-139). La temporalité spécifique de l'obsessionnel est tout particulièrement décrite dans l'étude de l'Homme aux rats (Cf. « Remarques sur un cas de névrose obsessionnelle », in *Cinq psychanalyses, op. cit.,* pp. 199-261). Mais la question reste entière des rapports entre ce que représente la perte qui est redoutée dans la mort à venir et la perte réelle qui engendre la névrose obsessionnelle. Elle est sans doute à repenser en fonction de la théorisation kleinienne.

chronologisait la perte, le dépressif vivant comme à venir une perte qui a déjà eu lieu ?[6]

En d'autres termes, le dépressif *anticipe la mort :* il vit « la mort » à venir *sur le modèle* de « la mort » qu'il a déjà vécue et à laquelle il a survécu, à laquelle il a l'expérience d'avoir survécu. Il ne discerne pas que les figures de la mort qui affectent sa vie psychique sont insuperposables. Tout au contraire, la superposition qu'il opère à son insu est éminemment défensive.

L'expérience de l'autre-comme-mort, qui a déterminé l'expérience de soi-comme-mort, garantit paradoxalement que la mort n'est pas mortifère. Et peut-être est-ce le deuil de cette mort, indissociable du deuil d'un soi idéalisé, qui, en son impossible effectuation, rend la mort impossible.

Le court texte, écrit par Freud en 1915 à la demande de la Société Goethe de Berlin[7], alimente cette perspective par la centralité qu'il confère au deuil dans l'appréciation de la valeur des choses éphémères, et par la mise en évidence de ce qui lui fait obstacle :

— le deuil dont l'accomplissement conduit à considérer que l'éphémère accroît la valeur des choses est un deuil tout à fait particulier.

---

6. L'idée d'un événement qui a déjà eu lieu, mais qui est vécu comme à venir, est centrale au texte de D.W. Winnicott : « La crainte de l'effondrement » in *Nouvelle revue de psychanalyse,* 1975, 11, pp. 35-44. J.B. Pontalis, dans sa « Préface » au livre de Winnicott, *Jeu et réalité* (Paris, Gallimard, 1975), insiste sur cet aspect : « l'effondrement... redouté parce qu'il menacerait toujours d'avoir lieu dans l'avenir, a en fait déjà eu lieu dans le passé. Mais — et c'est là le paradoxe central — il a *eu lieu* sans trouver son lieu psychique ; il n'est déposé nulle part » (p. XI) ; et plus loin : « Quelque chose a eu lieu qui n'a pas de lieu » (p. XII). Outre l'absence de lieu psychique, c'est, me semble-t-il, d'une absence de temps dont il s'agit, et plus précisément, d'un défaut de la temporalisation qui, seule, permettrait d'historiciser l'événement. Tout se passe comme si l'événement n'avait pas été temporalisé, condition sine qua non pour qu'il appartienne à l'histoire du sujet, indépendamment de toute remémoration : il demeure dé-chronologisé, et ainsi, d'une certaine façon, hors le temps. Les commentaires que P. Fédida apporte à ce texte de Winnicott mettent en évidence les implications techniques de la reconnaissance de cette dé-chronologisation : « Si (l'analyste) cherche, en écoutant le patient, à conférer un contenu positif à l'effondrement ou au vide, il est de fait porté à se représenter un traumatisme localisé dans une zone psychique déterminée et temporellement réalisé dans un passé ancien de la vie — ce qui ne manque pas de conduire à une impasse thérapeutique. Si par contre son écoute est réglée sur l'insistance répétitive de la menace en instance, comme suspendue dans son imminence, il entend le *déjà eu lieu — nulle part — jamais,* et c'est la menace de l'imminence à venir qui donne pouvoir métaphorique à l'effondrement et au vide » (« Le vide de la métaphore et le temps de l'intervalle », in *L'absence, op. cit.,* pp. 213-214).

7. Freud S., « Ephémère destinée » (1915), trad. fr. in *Résultats idées, problèmes — I,* Paris, PUF, 1984, pp. 233-236.

D'une part, il concerne une perte qui apparaît, au titre de la réalité, comme un renoncement à « l'exigence d'éternité » caractéristique de la « vie de désir », autrement dit comme une diminution de la toute-puissance : de quel deuil s'agit-il si ce n'est du deuil de l'idéalité ? D'autre part, il consiste en une sorte de travail préalable à l'événement de la perte qui n'a pas encore eu lieu, qu'on ne peut que se représenter par avance, représentation qui donne un « avant-goût » de ce qui sera vécu : la notion d'avant-goût ne sous-entend-elle pas une possible comparaison et une vraisemblable identité entre ce qui est vécu dans le présent et ce qui sera vécu dans l'à-venir ?

— l'état du jeune poète procède d'une sorte de renversement, dont les effets semblent à la mesure de la force du désir auquel s'oppose l'inexorable réalité : « sans cela », sans « l'éphémère destinée » à laquelle tout est promis, le poète aurait « aimé et admiré » ce qui, là, se trouve « dévalorisé », ce qui suscite son « dégoût ». Autrement dit, ce dégoût, si souvent présent à la dépression, apparaît comme une réponse défensive : défensive contre un désir irréalisable — le désir d'infini — par le renversement de ce désir en dégoût ; défensive également contre le deuil de ce désir, dont le maintien et la survivance passent par l'apparent retournement en son contraire ; mais aussi, dans le même temps, assignant à un état de deuil permanent, et impossible, parce que concernant une perte qui ne saurait trouver une inscription dans le temps.

Le lien entre le deuil et le temps est ainsi convoqué, laissant présager que sont virtuellement engagées des figures de la mort insuperposables.

Ce lien est intrinsèque : c'est la perte qui introduit la verticalité hors laquelle ne peut être rompue la répétition qui fait obstacle à la prévision ; c'est le deuil qui ouvre à l'expérience du temps. La déchronologisation n'apparaît-elle pas là dans une dimension défensive, et spécifique de la dépression ?

En anticipant la mort, en vivant comme à venir un événement qui a déjà eu lieu, et en le vivant sur le modèle de celui qu'il a déjà vécu, le dépressif est confronté à une impossibilité complexe et multiple : celle de la mort, celle du deuil, et surtout — par suite — celle de la vie. Temps de vie et temps de mort coïncident, s'annulant réciproquement, et maté-

---

En d'autres occurrences, Freud a désigné l'éphémère comme ce qui donne valeur à la vie : c'est parce que la durée de la vie est limitée que les choses prennent une importance qu'elles n'ont pas en elles-mêmes. Autrement dit, la valeur de la vie est indissociable des limites que lui impose sa finitude. Outre le rêve de la « Monographie botanique » (mars 1898) où, comme le note D. Anzieu, « toutes les fleurs se fanent... mais il ne faut pas pleurer pour ça » (*op. cit.*, T. I., p. 450), cf. par exemple : lettre de Freud à Mathilde, du 26.3.1908, in *Correspondance 1873-1939, op. cit.*, p. 293 ; lettre de Freud à Binswanger, du 14.4.1912, in *Discours, parcours et Freud,* Paris, Gallimard, 1970, p. 306 ; lettre de Freud à Marie Bonaparte, du 6.12.1936, citée par M. Schur, *op. cit.*, p. 573.

rialisant un hors le temps qui se joue du déroulement et de la durée. Ce n'est plus la vie qui se trouve entre-deux-morts, c'est la mort elle-même, et en ce sens, elle se confond avec la vie.

Le deuil inaccessible au dépressif ne serait-il pas, paradoxalement, le *deuil de la mort*, qui, seul, ouvre la vie à ses possibles, le deuil de cette figure de la mort qui assure la conservation et qui a partie liée, indissolublement, avec le moi-idéal ?

En d'autre termes, ne pouvant « tuer *la* mort »[8] le dépressif ne peut vivre la vie.

Mais la précarité de l'abri en lequel il parvient ainsi à se maintenir se soutient de la violence infligée à l'autre, l'autre qui se voit contraint et assigné à un deuil tout aussi permanent et tout aussi impossible : l'autre ne peut « tuer *le* mort » qui est vivant, et qui pourtant ne vit pas.

Peut-être le dépressif trouve-t-il possibilité de survie dans cette confirmation que lui offre l'autre : bien que sans vie, il n'est pas mort. Confirmation qui, toutefois, provoquerait en écho la contradiction des sentiments qu'il inspire : de tendresse et compassion, mais aussi de rage et de violence. Ne retrouve-t-on pas là son inquiétante familiarité ?

Le paradoxe d'une mémoire amnésique

En garantissant la réversibilité du temps, l'anticipation — tout comme la répétition — protège contre l'inéluctabilité de la mort dont pourtant, elle aussi, se soutient.

Cette comparaison ne doit pas faire oublier la nécessité de distinguer anticipation et répétition, pour spécifier ce qui, dans la dépression, apparaît plutôt comme *compulsion d'anticipation.*

Le mécanisme décrit par Freud sous le terme d'« annulation rétroactive » entrouvre la possibilité de désigner une compulsion d'anticipation et de la différencier de la compulsion de répétition. Etablissant le lien entre répétition et annulation rétroactive à partir d'une interrogation sur les sources du cérémonial obsessionnel, Freud constate que les « "suppressions" par annulation rétroactive » sont « irrationnelles, de nature magique » : une « magie négative, qui vise à "effacer en soufflant dessus" non pas les suites d'un événement... mais cet événement lui-même ». Par l'annulation rétroactive, « on cherche à supprimer le passé

8. « Tuer le mort » est une formule qui a été proposée par D. Lagache pour rendre compte de ce qui est accompli par le travail du deuil (Cf. « Le travail du deuil », in *Revue française de psychanalyse,* 1938, X, 4, pp. 693-708).

lui-même », d'où le lien avec la répétition qui poursuit le même objectif : « Ce qui n'est pas arrivé de la manière qui eût été conforme au désir est annulé par sa répétition sous une autre forme » [9]. Bien que Freud considère que « la recherche de la même fin peut aussi fournir l'explication de la compulsion à la répétition », c'est dans une distinction au titre de l'effet recherché par ces deux mécanismes que je propose d'inscrire une différence : *la répétition annule tandis que l'anticipation accumule*.

Cette accumulation, à chaque fois majorée et susceptible d'être accrue au fil des expériences anticipatrices, participe de l'impossibilité renouvelée, et renouvelable, tant de la mort que du deuil.

La désignation d'une compulsion d'anticipation propre au fonctionnement dépressif permet de préciser la normalité négative de la dépression : la dépression apparaît comme une *mémoire de l'à-venir*, là où la « normalité » ne saurait s'instaurer et se maintenir que d'une *amnésie du futur*, matérialisée par le projet [10].

Dans les deux cas, la faille de mémoire répond avec exactitude à l'impensable remémoration dont se sous-tendent à la fois la dépression et la « normalité ».

Le paradoxe du déni inversé

J'ai argumenté ailleurs que la normalité adaptative implique l'élaboration du projet temporel, lequel nécessite la mise en œuvre d'un déni de la mort — non pas de sa réalité, mais de son immanente potentialité. J'ai même risqué, dans cette perspective, une comparaison limitée entre le projet et le fétiche, dans la mesure où l'un comme l'autre permettent de disjoindre le croire et le savoir.

Le temps à venir de l'homme « normal » est occupé d'avance, encombré pourrait-on dire, de représentations, notamment de lui-même, dont l'une des fonctions est de garantir qu'il est impossible à ce qui existe imaginairement de ne pas avoir lieu. Mais ne faut-il pas dépasser la formulation spatiale, puisqu'il s'agit fondamentalement de temps, et oser dire : ne pas avoir temps ? De telle sorte que, si cet à-venir ne peut pas ne pas exister, son existence implique la non-existence, dans le même temps, de la mort. Cet artifice ne vaut que du déni dont il se soutient : déni de la permanente potentialité de l'événement qui, à tout instant, peut interrompre le cours du temps de vie. Autrement dit, par le projet, l'homme « normal » suspend la mort.

---

9. *Inhibition, symptôme et angoisse, op. cit.*, cf. pp. 41-42.

10. Une belle formule de P. Fédida est ici à rappeler : « L'homme adulte est amnésique de sa propre mort » (« L'hypocondrie du rêve », in *Corps du vide, espace de séance*, Paris, Delarge, 1977, p. 56).

Et si, à l'opposé, c'était la vie que suspendait le dépressif : le temps de vie ?

En mimant la mort, en faisant le mort, le dépressif inverse le déni à l'œuvre dans la « normalité », *renversement qui maintient la mort en son impossibilité, mais différemment :* la mort n'est pas tenue à l'écart de la vie, elle y est au contraire présente ; et même si présente que sa cohabitation avec la vie fait preuve de sa valence non mortifère. La mort est là, toujours là, présente à la vie du dépressif, et malgré cela, le dépressif lui aussi est là, encore là. N'est-ce pas de cette permanente présence, venant en lieu et place de la permanente immanence, que s'entend l'impossibilité de la mort, et par suite, de la vie ?

Lorsque le déroulement est ainsi court-circuité par la suspension — ce que j'ai nommé « manipulation » du temps —, l'ajustement entre réalité matérielle et réalité psychique est comme rigidifié : aucun « arrangement » avec la mort n'est envisageable puisque l'écart, non temporalisé, ne saurait avoir opérativité d'intervalle. Le jeu est exclu : d'une part, l'écoulement du temps apporte nécessairement et inévitablement la perte, évidence que personne ne songerait à nier ; et d'autre part, l'irreprésentable mémoire de ce qui a été vécu comme expérience de mort rend ce savoir inacceptable.

Le temps qui, dans la réalité, recèle bien une menace de mort tout en demeurant simultanément temps de vie, n'est plus que vecteur de la mort ; il devient plus menaçant que la mort.

Cette mort, le dépressif l'a déjà vécue, ou plus précisément, il a déjà vécu une expérience dont il ne peut concevoir que la situation à venir, puisqu'elle comporte une perte, soit différente. C'est, par conséquent, son rapport au temps qu'il doit organiser et aménager de façon à éradiquer le risque du retour de cette expérience. La défense consiste alors à se retirer du temps, à demeurer hors le temps — manipulation visant la mise en suspens du déroulement qui, dans l'équivalence induite entre temps et mort, équivaut à la mort parce qu'à s'écouler, il apporte la perte.

Se retrouve à ce point la suspension du temps de vie qui éclaire l'immobilisation dépressive, et se distingue radicalement de la suspension du temps de mort qui s'exprime dans la défense maniaque de la « normalité ».

N'éclaire-t-elle pas également la signification que semble avoir, pour le dépressif, le « disparaître » ? La disparition, en effet, lorsqu'elle est référée à l'anticipation/répétition, comporte la vraisemblance de la ré-apparition, et surtout, implique la persistance d'une existence « ailleurs ».

Tout se passe comme si la présence de la mort à la vie, effrayante pour le mélancolique, était paradoxalement rassurante pour le dépressif.

Tout se passe comme si le déni de la mort, dans la « normalité », assurait l'a-mortalité, et son renversement, dans la dépression, l'immortalité.

Le paradoxe du projet de mort

N'est-on pas tenté de dire, dans une association de mots troublante, que le suicidant a fait projet de mort ? Proposition dont la paradoxalité désigne l'inadéquation fondamentale de la pensée lorsqu'elle se penche sur le problème le plus sérieux de l'humain, celui qui l'entraîne aux limites vertigineuses de sa vérité.

La clinique des dépressions confronte au risque suicidaire avec une acuité qui exige de poser une distinction préalable entre la *tentative* suicidaire — comme acte — et la *tentation* suicidaire qui, tant qu'elle fait l'économie de l'acte, semble répondre comme en écho à la « rassurante » présence de la mort à la vie, semble même nécessaire à la survie. Tant que n'a pas été posée la mise en acte de la mort, on demeure du côté de la tentation.

Bien que Freud ait peu écrit sur le suicide, restituer ses principales élaborations reste une démarche nécessaire :

— Il cherche à « comprendre » les raisons du suicide de Nathan Weiss, dans une tentative quasiment pré-psychanalytique qui recèle néanmoins les prémisses d'une technique : sa lettre à Martha contient les éléments de ce qui, *a posteriori,* évoque une pathologie du narcissisme [11].

— Il tente d'attribuer une signification différentielle aux diverses modalités de l'acte suicidaire en les référant à leurs équivalents symboliques [12].

— Avant de mettre au jour le mécanisme de la mélancolie, il pressent un rapport intrinsèque entre suicide et mélancolie ; mais surtout, cherchant à préciser « la formulation psychologique du suicide », il avance deux indications essentielles : « dans le suicide, la pulsion de vie est vaincue par la libido », et « le suicide ne serait pas tant une conséquence qu'un substitut de la psychose, bien que les deux formes puissent bien entendu se combiner à un degré quelconque » [13]. Ces indications

---

11. Cf. Lettre à Martha, du 16.9.1883, in *Correspondance 1873-1939, op. cit.,* pp. 69-76.

12. Cf. par exemple : Lettre à Pfister, du 18.3.1909, in *Correspondance de Sigmund Freud avec le pasteur Pfister,* 1909-1939, trad. fr., Paris, Gallimard, 1966, p. 52 ; et Lettre à Binswanger, du 17.5.1909, in *Discours, parcours et Freud, op. cit.,* p. 283.

13. Cf. *Les premiers psychanalystes,* T. II, Paris, Gallimard, 1978, pp. 481 et 482. En 1910, en effet, deux séances de la Société psychanalytique de Vienne ont été consacrées au

participent d'une remise en question de la mort dans ses rapports à l'auto-conservation.

— Il assimile la tentative de suicide à la recherche inconsciente d'un châtiment [14].

— A partir de la mise en évidence des destins de la pulsion (principalement du « retournement sur la personne propre ») et du mécanisme de la mélancolie, il considère qu'en se tuant, le moi cherche en fait à tuer l'objet [15] ; idée qu'il confirme au fur et à mesure des textes [16], maintenant toujours cependant qu'il existe un désir sous-jacent à tout acte suicidaire [17].

— Il apporte un élément supplémentaire lorsqu'il distingue névrose obsessionnelle et mélancolie par le fait que, contrairement au mélancolique, l'obsessionnel ne se suicide pas, et ce, parce que « l'objet a été maintenu » — de telle sorte que la destruction du moi apparaît consécutive, ou du moins en rapport étroit avec la destruction de l'objet. Dans ce même texte, il relie le suicide du mélancolique à la désintrication pulsionnelle qui aboutit, dans cette affection, à faire régner dans le surmoi « une pure culture de la pulsion de mort » [18].

Ce que l'on peut retenir de ce bref parcours dans les textes, c'est que Freud s'est toujours montré, et fort heureusement, très prudent quant à ce qu'il a souvent désigné comme « l'énigme » du suicide, indiquant ainsi qu'il s'agit de l'acte qui engage une question à laquelle nulle réponse ne convient : « il est impossible de deviner ce qui s'est passé derrière tout cela », écrit-il après le suicide de Tausk [19].

---

suicide (les 20 et 27 avril), *ibid.*, pp. 467-493. J. Laplanche a commenté ce qui est apparu aux traducteurs des « Minutes » comme une « erreur de transcription », à savoir l'utilisation, par Freud, du terme « pulsion de vie » en 1910 (au lieu de pulsion du moi). Dans ses commentaires, Laplanche argumente au contraire que cette soi-disant erreur qui apparaît à deux reprises permet de « suivre l'articulation dialectique des deux théories des pulsions » : pulsion de moi et pulsion de vie « travaillent dans le même sens, celui de l'auto-conservation », et ce sont les pulsions sexuelles de la première théorie qui marquent « la place de la future pulsion de mort » (Cf. « Pulsion de vie — 1910 », in *Psychanalyse à l'Université,* 1975, 1, 1, pp. 185-186).

14. Cf. par exemple *Totem et tabou, op. cit.,* pp. 176-177. Cette idée est déjà présente en 1901 lorsque Freud relie le suicide aux auto-mutilations et aux apparents accidents (cf. *Psychopathologie de la vie quotidienne,* trad. fr., Paris, Payot, 1973, pp. 191-193).

15. Cf. « Deuil et mélancolie », *op. cit.*, p. 163.

16. Cf. par exemple *Introduction à la psychanalyse, op. cit.*, ch. 26, p. 404 ; et « Psychogenèse d'un cas d'homosexualité féminine » (1920), trad. fr. in *Névrose, psychose et perversion,* Paris, PUF, 1973, p. 261.

17. Cf. par exemple, *ibid.*, p. 260 ; et « Le problème économique du masochisme » (1924), trad. fr. in *Névrose, psychose et perversion,* Paris, PUF, 1973, p. 297.

18. Cf. « Le moi et le ça », *op. cit.*, pp. 268-269.

19. Lettre à Lou Andréas-Salomé, du 1.8.1919, in L. Andréas-Salomé, *Correspondance avec Sigmund Freud,* trad. fr. Paris, Gallimard, 1970, p. 126.

Entre ce constat exigeant et le (rassurant ?) désir de comprendre l'acte de Nathan Weiss, trente six ans auparavant, il y a sans nul doute le travail de l'analyse.

Si le dépressif souffre de ne pouvoir ni vivre ni mourir, la perpétuation de son état ne saurait se dissocier de l'insistance de la menace et de la persistance de l'indestructibilité que garantit la mise en suspens du temps : la mort est trop présente pour se constituer comme possible.

La tentation suicidaire du dépressif apparaît alors comme porteuse de l'émergence de la vie, convoquant imaginairement la mort pour s'assurer paradoxalement que la vie existe.

Quant à la tentative suicidaire, elle serait moment privilégié de la matérialisation de cette émergence, rupture du court-circuit qui confond mort et temps, dans un élan vertigineux où *c'est en fait la mort qui est destinée à mourir.*

Dans l'équivalence vécue entre être et mourir, *le suicidant, qui semble se tuer pour ne pas être, se tue pour ne pas mourir.* Et c'est peut-être en ce sens que son acte, s'il est manqué, peut lever l'ombre de mort qui abrite et recouvre le désir qui le sous-tend.

Tentative de réappropriation du vital, l'acte suicidaire du dépressif est du côté de l'« agir » qui, faisant rupture avec la répétition, introduisant l'irréversible, restitue à la vie sa dimension constituante de négativité.

Et dans cette perspective, *l'acte suicidaire est sans doute à la dépression ce que le délire est à la psychose : une tentative de guérison solitaire,* tentative dont l'issue, sous la condition que l'acte ait été manqué, sera fonction de l'écoute qu'elle recevra. Autrement dit, donner à ce moment sa dimension historique, l'inscrire dans l'histoire, est, comme pour l'épisode délirant, indissociable de l'écho qui lui est restitué.

Et si l'acte suicidaire dessinait enfin pour le dépressif, au titre de l'idéalité si centrale à sa souffrance, une image de lui-même idéalisée, mais surtout pérennisée [20] ?

Cette pérennisation serait seule en mesure de répondre à l'absolu du désir : pérennisation qui confirme l'indestructibilité liée à l'idéalité, à la

20. Une proposition de M. Klein vient confirmer cette perspective : « ... si, par le suicide, le moi cherche à tuer ses mauvais objets, je soutiens pour ma part qu'en même temps, et dans tous les cas, il vise tout aussi bien à sauver ses objets d'amour, qu'ils soient externes ou internes. Bref, dans certains cas, les fantasmes sous-tendant le suicide visent à protéger les bons objets intériorisés et la partie du moi identifiée aux bons objets, comme ils visent à détruire l'autre partie du moi, identifiée aux mauvais objets et au ça. C'est donc le suicide qui permet au moi de s'unir avec ses objets d'amour » (« Contribution à l'étude de la psychogenèse des états maniaco-dépressifs », *op. cit.*, p. 326). J'ajouterai : de s'unir « éternellement ».

fois immortalité et éternité ; pérennisation qui associe l'acte suicidaire du dépressif — mais aussi et surtout la tentation suicidaire — à l'auto-conservation [21].

21. J. Laplanche a évoqué ce lien : « Je pense qu'il y a lieu notamment, dans toute action suicidaire, de prendre aussi en considération l'aspect de maintien imaginaire d'une image de soi, peut-être d'un idéal de soi tout-puissant. Il y a un aspect négatif dans le suicide, mais il y a également un aspect positif, portant à l'extrême, dans l'imagination, une instance du moi qui est une instance narcissique et idéale... Il n'est guère de suicide sans réaffirmation narcissique d'un autre aspect de soi — bon aspect ou aspect idéal, idéalisé » (*Problématiques I, op. cit.*, p. 327).

IX

Une figure auto-conservatrice de la mort

Les pages précédentes, et principalement l'évocation de la tentation suicidaire, interrogent la mort dans ses rapports à l'auto-conservation, et rejoignent ainsi la question qui parcourt ce livre : quelle est la mort à l'œuvre dans la dépression ?

Que la mort puisse aider à vivre n'a que l'apparence d'un paradoxe, bien qu'il s'agisse effectivement du paradoxe princeps de la dépression.

A écouter la parole qui cherche à exprimer la souffrance dépressive, se dévoile en effet une figure de la mort qui semble assurer une *fonction d'auto-conservation.* Formule paradoxale s'il en est, mais qui recentre les paradoxes de la dépression : mort auto-conservatrice, en ce qu'elle ne fait pas mourir, mais auto-conservatrice surtout en ce qu'elle permet de survivre, si ce n'est de vivre.

Certains des travaux de J. Laplanche aident à baliser les contours et à préciser les fondements de cette formulation, avant d'en dégager des propositions de réflexion.

L'un des concepts de la théorie freudienne à la définition duquel ses recherches ont le plus contribué, c'est le concept d'étayage : le sexuel (pulsion, désir) vient se greffer sur le non sexuel (fonction, besoin), dans un rapport qui est à la fois d'émergence et de rupture [1].

---

1. Cf. Laplanche J., *Vie et mort en psychanalyse,* Paris, Flammarion, 1970, pp. 31-33.

La désignation d'une fonction auto-conservatrice de la mort repose sur le concept d'étayage ainsi défini : puisque la pulsion ne saurait se concevoir indépendamment d'une genèse, puisque cette genèse suppose nécessairement l'étayage de la pulsion sur une fonction vitale, « essentielle à la vie », et puisque cette genèse est un processus précis et non une abstraction, la question s'énonce simplement : *sur quelle fonction s'étaye la pulsion de mort ?*

Etant donné que toute fonction a partie liée avec la conservation de la vie, avancer que la pulsion de mort s'étaye sur une fonction implique que « quelque chose de la mort » a à voir avec l'auto-conservation ; autrement dit, qu'il est possible d'envisager une figure de la mort, proche de l'homéostase, mais qui ne saurait s'y superposer.

Un rapport à élucider se trouve ainsi engagé entre *une* mort et la survie avec laquelle elle coexiste, une mort qui n'exclut pas la survie, mais dont, tout au contraire, cette dernière se soutient.

Cette figure de la mort ne serait-elle pas au plus près de l'expérience de l'anéantissement qui ne tue pas même s'il empêche de vivre, au plus près d'une détresse-mort primordiale et constituante de la psyché ?

Ce serait cette mort — mort dont il faut faire le deuil, mort qu'il faut mettre à mort et tuer pour pouvoir vivre — qui aurait une fonction auto-conservatrice.

Intriquant l'auto-conservation à la survie plus qu'à la vie, cette figure de la mort s'apparente à un *contre-fort*[2] *de l'ordre vital,* à un contre-fort de la survie. Cette mort n'est pas tant ce à quoi survit le dépressif, que ce *par quoi* il survit.

L'évocation de l'ordre vital invite à affiner la problématique de la genèse de la pulsion.

Le schéma du « dièdre », proposé par J. Laplanche, contribue à une énonciation claire des enjeux de cette question. Le dièdre est composé de deux « plans » : le plan de l'auto-conservation, du vital (champ des fonctions et des besoins), auquel s'articule, suivant la ligne de l'étayage, le plan de la sexualité (champ des pulsions et des désirs).

L'un des objectifs de ce dièdre est d'assigner toute pulsion dans le champ du sexuel : la pulsion de mort est une pulsion, et par voie de conséquence, elle se situe dans le plan du sexuel, elle appartient au plan de la sexualité :

2. La définition du mot « contre-fort » dans le *Petit Robert* éclaire cette métaphore : « pilier, saillie, mur massif servant d'*appui* à un autre mur qui supporte une charge » (mot souligné par moi pour insister sur le lien avec l'étayage : « L'étayage consiste d'abord en cet appui que trouve la sexualité naissante, dans un fonctionnement lié à la conservation de la vie », *Vie et mort en psychanalyse, op. cit.*, p. 33).

« Il faut, comme j'y invite, classer la pulsion de mort à côté de la pulsion de vie, comme les deux modalités du fonctionnement du sexuel. » [3]

Sous cette simplicité apparente, se glisse néanmoins une complexité indéniable que laissent pressentir certaines formulations plus nuancées, celle-ci par exemple :

« ... "pulsion de vie" et "pulsion de mort", cela ne peut se lire et se comprendre que par cette grille que j'indique et que je ne cesse de répéter : la pulsion de mort est l'âme de toute pulsion » [4].

En désignant la pulsion de mort comme « l'âme de toute pulsion », Laplanche ne redonne-t-il pas à la pulsion de mort un primat que le dièdre vise précisément à mettre à l'écart ? Et n'indique-t-il pas ainsi, implicitement, que *quelque chose de la mort* vient comme animer la vie — ce qui est aussi une façon de réaffirmer qu'il faut se garder d'assimiler mort et pulsion de mort ?

Une formule avancée par P. Fédida, et allant dans le même sens, est encore plus explicite. Selon lui, en effet, c'est « la mort » qui est « l'âme de toute pulsion » [5].

C'est très précisément ce « quelque chose de la mort » qui anime la vie que je propose de désigner par les termes de « figure non mortifère de la mort ».

La mise en regard de ces formulations suscite deux nouvelles hypothèses, à réfléchir au regard de la clinique :

— *la mort ne devient mortifère que lorsqu'elle passe dans le champ du sexuel, c'est-à-dire dans le champ du désir* [6] ;

— et son corollaire : *la pulsion de mort n'a rien à voir, ni rien à faire avec la dépression.* Bien au contraire, c'est une défaillance de la pulsion de mort qui hypothèque le pouvoir de vie qu'elle recèle lorsqu'elle est à l'œuvre dans le champ du désir.

Ces hypothèses réattribuent à la *rencontre de l'autre* la place qui lui revient dans le dévoilement de la blessure en laquelle se construit ou se détruit le petit humain.

---

3. Laplanche J., « La situation psychanalytique, le descriptif et le prescriptif », in *Psychanalyse à l'Université,* 1981, 6, 24, p. 583. Ce dièdre est présenté, travaillé et repris dans de nombreux textes de J. Laplanche, depuis le début de ses travaux psychanalytiques.

4. Laplanche J., *Problématiques III, La sublimation,* Paris, PUF, 1980, pp. 214-215.

5. Formule que P. Fédida a avancée au cours d'une réunion du Laboratoire de psychanalyse de l'Université Paris 7, le 17.2.1982.

6. Placer la vie (ou plus exactement la survie) du côté de l'auto-conservation, et la mort du côté du sexuel ne rejoint-il pas ce qui est apparu aux traducteurs des « Minutes » de la Société psychanalytique de Vienne comme une « erreur de transcription », confirmant ainsi que la perspective que j'avance peut s'inscrire dans le sens de la proposition freudienne ? (Voir pp. 152-153, note 13.)

Elles ouvrent en outre une piste féconde pour la problématique des dépressions : *et si cette figure non mortifère de la mort n'était autre que le substitut, ou le tenant-lieu du moi-idéal ?*

Mais cette désignation d'une figure auto-conservatrice de la mort, si elle donne à penser différemment les obstacles et les embûches que rencontre la prise en soins des patients dépressifs, assigne dans le même temps — il faut en prendre la mesure — la dépression *aux limites de l'analysable.*

En effet, si l'on s'en tient strictement à l'œuvre de Freud, la recherche et la pratique psychanalytiques ne s'appliquent, on le sait, qu'à ce qui concerne le sexuel, « le fonctionnement selon la sexualité ». Or, l'hypothèse proposée inscrit la figure de la mort à l'œuvre dans la dépression dans le champ de l'auto-conservation.

Néanmoins, aux limites de l'analysable, aux limites du champ de la psychanalyse n'équivaut pas à une exclusion de ce champ, bien au contraire, ainsi que le démontrent les travaux des analystes qui se risquent à prendre en soins des patients dont la problématique majeure (quelle que soit la dénomination utilisée) apparaît plus narcissique qu'œdipienne [7].

A condition de se souvenir de l'intrication dès l'origine entre le sexuel et le non sexuel, à condition de se souvenir que le sexuel est, par conséquent, intrinsèquement concerné par le non sexuel, à condition de se souvenir que, si l'une des exigences de Freud a été de maintenir la spécificité du sexuel, son souci, corollaire même si apparemment contradictoire, a été d'élargir son champ, on peut considérer que ceux qui travaillent à la limite du champ de l'analysable s'inscrivent comme paradigmatiquement dans le champ de la psychanalyse.

7. Il convient néanmoins de se demander si, dans certains cas, il ne s'agit pas là d'une apparence, destinée à masquer un impossible de la problématique œdipienne.

Conclusion

La réponse est le malheur de la question.
Maurice Blanchot

Si le parcours accompli aboutit à certaines propositions sur la dépression dans ses rapports spécifiques à la mort et au temps, il conduit surtout à dévoiler la convergence des questions vers la mise en évidence de l'inscription particulière de la dépression dans le champ de la psychanalyse : la dépression est aux limites de l'analysable, aux limites de l'analyse.

A entrecroiser diverses approches, et sous la double condition d'une part, de faire appel à la conceptualisation kleinienne là où la théorie freudienne est comme empêchée d'expliciter ce qu'elle a pourtant esquissé, et d'autre part, de ne jamais se dessaisir de l'axe qui intrique la dépression à la mort et au temps, il apparaît que l'affect dépression et le syndrome dépression peuvent faire l'objet d'une théorie sur la base des modèles freudiens de l'angoisse et de la mélancolie.

Mais la problématisation de cette théorie, au regard de la clinique, dissuade toute élaboration sur la dépression qui ne recentrerait pas sa caractéristique essentielle : la dépression est paradoxale, elle est tissée dans le paradoxe.

Est ainsi convoquée l'idée que la mort à l'œuvre dans la dépression a une fonction auto-conservatrice, ce qui revient à dire que ce n'est pas la pulsion de mort qui est à même de rendre compte de la dépression.

Est également convoquée l'idée d'une hyper-normalité de la dépression, ou encore de sa normalité négative : le fonctionnement dépressif reproduit, en les exagérant, les modalités du fonctionnement dit « normal », d'où notamment son « inquiétante familiarité ».

Cette argumentation se redouble d'une constatation : à être saisi en son négatif, et au plus près de ses moments successifs, le texte freudien se révèle porteur d'une théorisation de la dépression. En d'autres termes, inscrire la dépression « à la limite » ne saurait être disjoint de sa présence en négatif dans le texte freudien.

A ce point du parcours, diverses interrogations affleurent, dont le dénominateur commun semble être un questionnement des rapports entre le fonctionnement dépressif et le fonctionnement analytique interrogés du point de vue de leur temporalité. Questionnement central tant pour la théorie que pour la pratique et la technique.

En effet, se trouve posée la question du temps et de la théorie psychanalytique : pourquoi le temps en est-il comme tenu à l'écart alors même que ses concepts fondamentaux sont indissociables d'une temporalité dont il faut remarquer qu'elle est toujours dé-chronologisée (répétition, après-coup, traumatisme, (re)construction, etc.) ?

Se trouve également posée la question du temps et de la cure analytique : comment la cure opère-t-elle sur la temporalisation ? Quels sont les rapports entre cette opérativité et la ritualisation, voire l'obsessionnalisation du temps dans la cure, du temps de la cure ? entre cette opérativité et ce qu'on nomme issues favorables d'une cure : (re)découverte de l'élaboration du projet, qui dénie la mort, et/ou (re)découverte de la créativité, autre façon de « s'arranger avec » la mort.

Se trouve posée la question du transfert, et principalement de l'amour de transfert, dans ses rapports à l'état amoureux d'une part, à la dépression d'autre part, et ce, au titre de l'idéalisation de l'objet.

Se trouve ainsi engagée la question de la cure comme élaboration du vécu dépressif, comme transformation du vécu dépressif en expérience dépressive vitale.

Se trouve enfin ouverte la question du modèle de l'appareil psychique comme modèle dépressif, question qui remet en perspective l'hypernormalité de la dépression, et les liens entre dépression et analyse.

L'énumération nécessairement inachevée de questions, à laquelle vient s'ajouter le rappel des multiples réponses qu'elles ont déjà reçues dans la littérature psychanalytique, restitue l'insistance de l'énigme et son attraction : la dépression apparaît moins comme une « erreur intelligible » [1] que comme une vérité incompréhensible, ou mieux, insaisissable.

1. Suivant l'expression de D. Widlöcher, *op. cit.*, p. 9. Sensible à la difficulté de tracer la frontière entre « tristesse normale et dépression », D. Widlöcher inscrit la dépression dans « la gamme des réponses normales de l'organisme », et se demande : « N'existe-t-il pas une dépression normale dont il resterait à justifier la finalité ? » (*ibid.*, p. 50).

Bibliographie

ABRAHAM K. (1912-*1911*) : « Préliminaires à l'investigation et au traitement psychanalytique de la folie maniaco-dépressive et des états voisins », trad. fr. in *Œuvres complètes,* T. I, Paris, Payot, 1926, p. 99-113.

(1924) : « Esquisse d'une théorie du développement de la libido basée sur la psychanalyse des troubles mentaux », trad. fr. in *Œuvres complètes,* T. II, Paris, Payot, 1965, p. 255-313.

ABRAHAM N. et TOROK M. : « Maladie du deuil et fantasme du cadavre exquis », in *L'écorce et le noyau,* Paris, Aubier-Flammarion, 1978, p. 229-251.

ANDRÉAS-SALOMÉ L. : *Correspondance avec Sigmund Freud,* suivie de *Journal d'une année 1912-1913,* trad. fr. Paris, Gallimard, 1970.

ANZIEU D. : *L'auto-analyse de Freud et la découverte de la psychanalyse,* T. I et II, Paris, PUF, 1959.

BINSWANGER L. : *Discours, parcours et Freud,* trad. fr. Paris, Gallimard, 1970.

EBTINGER R. : « Le dialogue Abraham-Freud sur la mélancolie », in *Confrontations psychiatriques,* 1976, n° 14, p. 159-204.

FÉDIDA P. : *Corps du vide, espace de séance,* Paris, Delarge, 1977.

L'absence, Paris, Gallimard, 1978.

FERENCZI S. (1912) : « Le concept d'introjection », trad. fr. in *Psychanalyse - Œuvres complètes,* T. I, Paris, Payot, 1968, p. 196-198.

(1913) : « Le développement du sens de réalité et ses stades », trad. fr. in *Psychanalyse - Œuvres complètes,* T. II, Paris, Payot, 1970, p. 51-65.

FREUD S. (1887-1902) : *Aus der Anfängen der Psychoanalyse, Briefe an Wilhelm Fliess, Abhandlungen und Notizen aus den Jahren 1887-1902,* Londres, Imago, 1950. Trad. fr. *La naissance de la psychanalyse* (Lettres à Wilhelm Fliess, notes et plans), Paris, PUF, 1956, p. 45-306.

(1890) : « Traitement psychique », trad. fr. in *Résultats, idées, problèmes — I,* Paris, PUF, 1984, p. 1-23.
(1892) : « Un cas de guérison hypnotique », trad. fr. in *Résultats, idées, problèmes — I,* Paris, PUF, 1984, p. 31-43.
(1894) : « Les psychonévroses de défense », trad. fr. in *Névrose, psychose et perversion,* Paris, PUF, 1973, p. 1-14.
(1895-*1894*) : « Qu'il est justifié de séparer de la neurasthénie un certain complexe symptomatique sous le nom de "névrose d'angoisse" », trad. fr. in *Névrose, psychose et perversion,* Paris, PUF, 1973, p. 15-38.
(1896) : « Nouvelles remarques sur les psychonévroses de défense », trad. fr. in *Névrose, psychose et perversion,* Paris, PUF, 1973, p. 61-81.
(1901) : *Psychopathologie de la vie quotidienne,* trad. fr. Paris, Payot, 1973.
(1905) : *Trois essais sur la théorie de la sexualité,* trad. fr. Paris, Gallimard, 1968.
(1907) : « Actions compulsionnelles et exercices religieux », trad. fr. in *Névrose, psychose et perversion,* Paris, PUF, 1973, p. 133-142.
(1909) : « Remarques sur un cas de névrose obsessionnelle (L'homme aux rats) », trad. fr. in *Cinq psychanalyses,* Paris, PUF, 1970, p. 199-261.
(1909) : *L'homme aux rats — Journal d'une analyse,* trad. fr. Paris, PUF, 1974.
(1911) : « Formulations sur les deux principes du cours des événements psychiques », trad. fr. in *Résultats, idées, problèmes — I,* Paris, PUF, 1984, p. 135-143.
(1912) : *Totem et tabou,* trad. fr. Paris, Payot, 1973.
(1914) : « Pour introduire le narcissisme », trad. fr. in *La vie sexuelle,* Paris, PUF, 1969, p. 81-105.
(1915) : « Pulsions et destins des pulsions », trad. fr. in *Métapsychologie,* Paris, Gallimard, 1968, p. 11-44.
(1916-*1915*) : « Éphémère destinée », trad. fr. in *Résultats, idées, problèmes — I,* Paris, PUF, 1984, p. 233-236.
(1916-1917 - *1915-1917*) : *Introduction à la psychanalyse,* trad. fr. Paris, Payot, 1973.
(1917-*1915*) : « Complément métapsychologique à la théorie du rêve », trad. fr. in *Métapsychologie,* Paris, Gallimard, 1968, p. 125-146.
(1917-*1915*) : « Deuil et mélancolie », trad. fr. in *Métapsychologie,* Paris, Gallimard, 1968, p. 147-174.
(1919) : « L'inquiétante étrangeté », trad. fr. in *Essais de psychanalyse appliquée,* Paris, Gallimard, 1971, p. 163-210.
(1920) : « Psychogenèse d'un cas d'homosexualité féminine », trad. fr. in *Névrose, psychose et perversion,* Paris, PUF, 1973, p. 245-270.

(1920) : « Au-delà du principe de plaisir », trad. fr. in *Essais de psychanalyse,* Paris, Payot, 1981, p. 41-115.

(1921) : « Psychologie des foules et analyse du moi », trad. fr. in *Essais de psychanalyse,* Paris, Payot, 1981, p. 117-217.

(1923) : « Le moi et le ça », trad. fr. in *Essais de psychanalyse,* Paris, Payot, 1981, p. 219-275.

(1924) : « Le problème économique du masochisme », trad. fr. in *Névrose, psychose et perversion,* Paris, PUF, 1973, p. 287-297.

(1926) : *Inhibition, symptôme et angoisse,* trad. fr. Paris, PUF, 1968.

(1930-*1929*) : *Malaise dans la civilisation,* trad. fr. Paris, PUF, 1971.

(1937) : « Constructions dans l'analyse », trad. fr. in *Résultats, idées, problèmes — II,* Paris, PUF, 1985, p. 268-281.

(1940-*1938*) : *Abrégé de psychanalyse,* trad. fr. Paris, PUF, 1967.

Correspondance 1873-1939, trad. fr. Paris, Gallimard, 1979.

FREUD S.-ABRAHAM K. : *Correspondance 1907-1926,* trad. fr. Paris, Gallimard, 1969.

Correspondance de Sigmund Freud avec le pasteur Oskar Pfister 1909-1939, trad. fr. Paris, Gallimard, 1966.

JONES E. : *La vie et l'œuvre de Sigmund Freud,* trad. fr. Paris, PUF, T. I - 1958, T. II - 1961, T. III - 1969.

KLEIN M. (1934) : « Contribution à l'étude de la psychogenèse des états maniaco-dépressifs », trad. fr. in *Essais de psychanalyse,* Paris, Payot, 1968, p. 311-340.

(1940) : « Le deuil et ses rapports avec les états maniaco-dépressifs », trad. fr. in *Essais de psychanalyse,* Paris, Payot, 1968, p. 341-369.

(1943-1944) : « Quelques conclusions théoriques au sujet de la vie émotionnelle des bébés », trad. fr. in *Développements de la psychanalyse,* Paris, PUF, 1966, p. 187-222.

(1943-1944) : « En observant le comportement des nourrissons », trad. fr. in *Développements de la psychanalyse,* Paris, PUF, 1966, p. 223-253.

(1943-1944) : « Sur la théorie de l'angoisse et de la culpabilité », trad. fr. in *Développements de la psychanalyse,* Paris, PUF, 1966, p. 254-273.

(1946) : « Notes sur quelques mécanismes schizoïdes », trad. fr. in *Développements de la psychanalyse,* Paris, PUF, 1966, p. 274-300.

(1949) : « Sur les critères de fin d'analyse », trad. fr. in *Psychanalyse à l'Université,* 1982, 8, 29, p. 5-10.

(1955) : « A propos de l'identification », trad. fr. in *Envie et gratitude,* Paris, Gallimard, 1968, p. 140-185.

KRISTEVA ?

(1957) : « Envie et gratitude », trad. fr. in *Envie et gratitude,* Paris, Gallimard, 1968, p. 11-93.

(1957) : « Sur le développement du fonctionnement psychique », trad. fr. in *Psychanalyse à l'Université,* 1981, 7, 25, p. 5-17.

(1959) : « Les racines infantiles du monde adulte », trad. fr. in *Envie et gratitude,* Paris, Gallimard, 1968, p. 95-117.

(1959) : « Note sur la dépression chez le schizophrène », trad. fr. in *Psychanalyse à l'Université,* 1983, 8, 30, p. 187-191.

(1963) : « Se sentir seul », trad. fr. in *Envie et gratitude,* Paris, Gallimard, 1968, p. 119-137.

LAGACHE D. : « Le travail du deuil », in *Revue française de psychanalyse,* 1938, X, 4, p. 693-708.

« Deuil pathologique », in *La psychanalyse,* 1956, vol. 2, p. 45-74.

« La psychanalyse et la structure de la personnalité », in *La psychanalyse,* 1960, vol. 6, p. 5-54.

LAPLANCHE J. : *Vie et mort en psychanalyse,* Paris, Flammarion, 1970.

« Pulsion de vie — 1910 », in *Psychanalyse à l'Université,* 1975, 1, 1, p. 185-186.

Problématiques I - L'angoisse, Paris, PUF, 1980.

Problématiques II - Castration, symbolisations, Paris, PUF, 1980.

Problématiques III - La sublimation, Paris, PUF, 1980.

« La situation psychanalytique : le descriptif et le prescriptif », in *Psychanalyse à l'Université,* 1981, 6, 24, p. 557-633.

Les premiers psychanalystes — Minutes de la Société psychanalytique de Vienne, T. II, 1910, trad. fr. Paris, Gallimard, 1978.

Les premiers psychanalystes — Minutes de la Société psychanalytique de Vienne, T. IV, 1912-1918, trad. fr. Paris, Gallimard, 1983.

NUNBERG H. (1932) : *Principes de psychanalyse,* trad. fr. Paris, PUF, 1957.

PONTALIS J.B. : « Préface » au livre de D.W. Winnicott, *Jeu et réalité,* Paris, Gallimard, 1975, p. VII-XV.

ROSOLATO G. et WIDLÖCHER D. : « Karl Abraham — Lecture de son œuvre », in *La psychanalyse,* 1958, 4, p. 153-178.

SCHUR M. : *La mort dans la vie de Freud,* trad. fr. Paris, Gallimard, 1975.

TRIANDAFILLIDIS A. : « Un deuil à jamais inachevé », in *Cliniques méditerranéennes,* 1987, 15-16, p. 75-96.

« Le projet : symptôme de la normalité ? », in *Psychanalyse à l'Université,* 1988, 13, 50, p. 261-279.

« Temps du savoir et temps de l'incertitude », in *Psychanalyse à l'Université,* 1990, 15, 60, p. 139-153.

« Le moi : traducteur/producteur d'angoisse », in *Psychanalyse à l'Université,* 1991, 16, 61, p. 131-135.

WIDLÖCHER D. : *Les logiques de la dépression,* Paris, Fayard, 1983.
WINNICOTT D.W. : « La défense maniaque », trad. fr. in *De la pédiatrie à la psychanalyse,* Paris, Payot, 1969, p. 15-32.
« La crainte de l'effondrement », trad. fr. in *Nouvelle revue de psychanalyse,* 1975, 11, p. 35-44.

solipsisme [solus-seul; ipse-soi m̄] th. phil. idéaliste - rien n'∃ en dehors de la pensée individ. → tte perception ≃ rêve

tautologie [tautos - le m̄ ; logos - discours] répétit m̄ idée en termes ≠ (pléonasme)

Table des matières

2e PARTIE
SYNDROME DÉPRESSION/MÉLANCOLIE

COLLECTION ÉMERGENCES

dirigée par
Françoise Carlier et Michel Gault

Hervé Huot	**Du Sujet à l'image**
Gérard Bonnet	**Les voix d'Accès à l'Inconscient**
Nicole Berry	**Le Sentiment d'Identité**
G. et P. Lemoine	**Le Psychodrame**
Joël Dor	**L'A-Scientificité de la Psychanalyse** Tome 1 : L'Aliénation de la Psychanalyse Tome 2 : La Paradoxalité instauratrice
Denise Morel	**Porter un Talent, Porter un Symptôme**
Gérard Guillerault	**Le Corps psychique** Essai sur l'Image du Corps selon Françoise Dolto
Hélène Piralian	**Un Enfant malade de la Mort** Lecture de Mischma, Relecture de la Paranoïa
Lisbeth von Benedek	**Le Travail mental du Psychanalyste**
Françoise Lugassy	**Logement, Corps, Identité**
Claude Nachin	**Le Deuil d'Amour**
Annie Birraux	**L'Adolescent face à son Corps**
Janine Chasseguet-Smirgel	**La maladie d'idéalité**
Marie-Françoise Lollini	**L'irréparable outrage** La psychothérapie analytique face à la chirurgie esthétique
Benoît Virole	**Figures du Silence** Essais cliniques autour de la surdité

Achevé d'imprimer en mars 1991
par l'imprimerie Campin (Belgique)
nº 91041